場所はいつも旅先だった

松浦弥太郎

集英社文庫

場所はいつも旅先だった　目次

I

II

III

場所はいつも旅先だった

I

バークレーの土曜日

土曜日はたっぷりと寝坊してからシャタック通りにある『Cheeseboad Pizza Collective』に「今日のピザ」を買いに行くのが習慣になっている。

隣で寝息を立てる恋人のカレンを起こさないようにベッドからするりと抜け出るのは大体十一時過ぎ。水からお湯へと変るのにやたら時間がかかるシャワーの蛇口を先にひねってから洗面所で歯を磨く。お湯が出はじめてバスルームに湯気がもわりもわりと上がってくる。口をゆすいでから寝巻きを脱ぎ捨て、シャワーをひとつかぶってから Dr. Bronner のソープで頭から足先までを泡立てる。そしてまたシャワーをかぶって後ろを向いたり前を向いたりを二、三度してからお湯を首筋にしばらく当ててからだが温まるのがわかったら蛇口を閉める。ふうーと長い息を吐いて、分厚くて大きなバスタオルで頭、顔、足と水気を拭いたら、新しい下着をつけて、居間の椅子にかけたままの昨日と同じ服を着る。

かかとをつぶしたVans のスニーカーを引っかけて外に出ると、サンフランシスコの澄みきった青空とかんかん照りの陽射《ひざ》しがひとつになってまだ半分しか目が覚めていない僕に襲いかかる。目を細めながらそれに負けじとマウンテンバイクに跨《また》がりギコギコとペダルをこぐ。ユニバーシティ通りをゆるりと渡って、ゲーリー通りの住宅街を滑ってゆく。わずかな傾斜がマウンテンバイクの速度を助けてペダルをこがずともすいすいと走る。街路に植えられたラベンダーの薫風を切ってゆく。サンタフェ風の邸宅が角にあるシダー通りを右に曲がると、自転車に乗る人や新聞を片手に歩く人がぽちぽちと現れる。みんなピザを買いに行く人だ。

シャタック通りに出ると僕はカフェとホテルがひとつになった『French Hotel』のパーキングにマウンテンバイクを停《と》める。鍵をかけていると背中からフレッドが「おはよう」と声をかけてきた。八十七歳の彼は古本屋『Black Oak Books』の主人だ。まだ四月だというのに短パンとポロシャツと薄着だ。僕はフレッドと一緒に『Cheeseboad Pizza Collective』へと歩く。店に着くとピザを買う人で二十メートル程の行列が出来ている。「今日のピザ」は「ローマ・トマトとバジルペーストのピザ」と黒板に書かれている。モッツアレラ・チーズがたっぷりと載ったシンプルでジューシーなメニューだ。先週は「フレッシュコーンとポテトのピザ」だった。

店からジャズの生演奏が聴こえる。近所の有志で行われる日曜日と土曜日だけの演奏会だ。店のまわりは一層和やかな雰囲気に包まれる。ピザを片手に抱きあう人。立ち話で盛り上がる人。歩道の芝生に座ってピザをほお張る人。みんなでこの土曜日のふんわりした昼時を分かち合っている。

僕の番がやってきた。「持ち帰りで4スライス！」キッチンでピザ生地を伸ばしているデヴィッドが僕の声に気づいて手を上げる。「あとで電話する」と仕草で伝えてきたので手を上げて応える。

ピザの入った紙袋を片手に持ち、アディソン通りのアパートまでマウンテンバイクを駆《か》る。ペダルをこぎながらコーヒー豆はあったかな、牛乳はあったかな、オレンジジュースはあったかなと考える。

アパートの入り口の草やぶにマウンテンバイクをそのまま突っ込み、息を整えてからそうっと静かに部屋のドアを開ける。スニーカーを脱いで部屋に入ると香ばしいコーヒーの匂いがした。キッチンを覗《のぞ》くと寝起きのカレンがキャビネットに腰かけてコーヒーが出来るのを待っていた。カレンが「おはよう」と微笑《ほほえ》む。

時計を見ると十二時を半分過ぎている。僕らの朝食はこれからはじまる。新聞を読んだり、ラジオを聴いたり、他愛ないおしゃべりをしたり、笑ったりと、いつも三時過ぎまで過ごす。食べ終わって一息つくともう一度ベッドに入る。そして好きなことをする。それから日が暮れた頃ベッドから出てシャワーを浴びて、にぎやかなテレグラフ通りまで三十分くらい散歩する。夕飯は『Naan Curry』というインドレストランでカレーを食べる。食後にチャイをゆっくりと味わう。帰りは『Moe's Books』に必ず寄って本を見てからアパートに帰る。夜は窓を開けてベッドから星を眺めながら目をつむる。僕はカレンの長い髪の中に顔をうずめて眠る。

いつもと変らぬ僕らの土曜日が終わる。街も寝静まっている。星がひとつ流れた。

アヤという名の少女

ウエスト・ブロードウェイ七十二丁目の角にインド人が経営するデリストアがあり、その二階のカフェ『ブルークロス』に紅茶をよく飲みに行った。最初この店を教えてくれたのは、借りているアパートの大家のジョアンである。ジョアンはボーイフレンドの部屋で同棲《どうせい》をしていて、自分の部屋を小遣い稼ぎに他人へと貸していた。僕は数少ないニューヨークの友人セスの紹介でジョアンと知り合った。一カ月の家賃は五百五十ドル。金持ちや有名人が暮らすニューヨークのアッパーウエストサイドのワンルームでこの家賃はかなりの格安だが、それには理由があった。老舗ジャズクラブ『バードランド』でも演奏する腕前のピアニストであるジョアンは、週二回、自分の部屋でピアノレッスンをする。その時だけ部屋を空けなくてはいけなかった。だから約束のレッスン日になると僕は『ブルークロス』へと行った。

『ブルークロス』には、アヤというブダペスト出身の女の子が働いていた。アヤはとても大人しかった。週二日は顔を出す僕が何度挨拶をしても、目を合わせようとせず下を向いたまま返事をする。それは他の客に対しても同じである。僕はこのカフェに行く時、必ず本を持っていった。そして一杯の紅茶で最低三時間はくつろぐ。そんな愛想のないアヤだが、カップの紅茶が無くなると何も言わずにおかわりを注いでくれる。「ありがとう」と言うと、遠くを見つめて「どういたしまして」と小声で言った。店の中はしんとしていた。

　僕がソファに身体を沈めて本を読んでいる間、アヤはレジの横にちょこんと座り、小皿に載せたビスケットをかじりながらイヤホンでラジオを聴いている。背筋を真直《まっす》ぐに伸ばし、ふたつの手は膝の上でふんわりと合わされている。ウエスト・ブロードウェイに面した小さな窓から射し込む光が、ラジオを聴きながら外の景色をぼうっと眺めているアヤの横顔の輪郭と淡い青い目をやわらかく浮かび上がらせていた。その姿はあたかもフェルメールの「中断されたレッスン」に描かれた少女のように美しかった。

『ブルークロス』はいつも客が少ない。ジョアンが言うには、夕方から深夜にかけてはお酒を出すので結構賑《にぎ》わうらしい。昼間ここを訪れるのは決まった顔ばかりだ。斜め前にあるホットドッグ屋で働くリーゼントの男。隣のチャイニーズレストランのオーナーシェフの中国人。真向かいにある花屋のおばあさん。本を山と抱えてやってくる学者風の老紳士などなど。看板も無く、ビルの壁に店の名が刻まれた小さなプレートが貼ってあるだけだから、通り掛かりの人がふらりと店に入って来ることはほとんどなかった。

ある雨の日。いつものように数冊の本を持って『ブルークロス』へ行くと客は一人もいなかった。僕は窓際のソファを選んで、アヤに紅茶を注文した。

その日のアヤはいつもと少し違っていた。紅茶を僕のテーブルに置きに来た時に気づいたのだが、頰がうっすらとピンクに染まっていた。普段、化粧っ気がまったくないアヤだが、その日はくちびるにも紅があった。気のせいかもしれないが、穿《は》いているスカートの色もいつもより明るく軽やかだった。ちらりと横目で見ると、レジの横に座るアヤの姿はいつもと別人のようにきらきらと輝いて見えた。アヤに何があったのだろうか。ふと、アヤは恋でもしたのだろうかと僕は思った。

それからというもの、アヤはさらに変っていった。ささくれていた指先はしっとりとしたピンク色に、爪は透明に磨かれ、すれ違う時にはかすかな香水の香りさえ漂わせていた。しかし愛想のなさだけは変らなかった。「おはよう」「こんにちは」と誰が声をかけても、下を向いたまま小声で返事をするのだった。とはいえ、アヤの変身によってカフェの雰囲気は明るくなった。常連同士でそのことを話題にすることはなかったが、皆アヤの変身には喜んでいた。

それから二カ月ほど過ぎた夏の暑い日。『ブルークロス』を訪れると、驚くことにアヤが昔のアヤに戻っていた。その頃は明るく軽やかなアヤが当たり前になっていたから、常連客は皆アヤに何があったのかと心配をした。何より一番驚いたのはアヤの美しい髪がばっさりと短く切られていたことだった。常連客は皆、アヤの長い黒髪が好きだった。

アヤはいつものようにレジの横に座ってイヤホンでラジオを聴いている。その日だけは、見慣れたその姿が悲しげだった。

帰り際、お金を払う時、僕ははじめてアヤに言葉をかけた。

「髪、切ったんだね。アヤ……」

そう言うと、アヤは下を向いていた顔を上げ、僕をじっと見つめて言った。

「ええ、そうよ。わたし髪を切ったわ……」

しんと静まりかえった店で、僕はアヤの声をはじめて聞いた。

アヤは何もなかったように椅子に座り直し、ラジオを聴きながら小さな窓にうつる外の景色をぼうっと眺めた。そしてビスケットを小鳥のように小さくかじった。

眠れない夜に出会った美しい二人

眠れない夜は人恋しくなる。旅先ではなおさらである。一日中、街を歩き回って疲れ果て、ああ、眠い眠いとつぶやき、終《しま》いには大きな欠伸《あくび》が出るから、仕方がなくベッドに入ってみるが、枕に頭が付いた途端に目が冴《さ》えてしまうから手に負えない。眠るつもりで横になったのだから、しっかり眠らなければと頑張ってみる。時計をちらりと見て、ああ、もうこんな時間か、早く眠らなければと観念して目をつむる。くだらないことをあれこれと考えていれば次第に眠くなるだろうと思いつつも、いつまで経っても意識を失うことなく、もう一度時計を見ると二時間も過ぎていることにがっかりする。ベッドの中で右を向いたり左を向いたり、足を出したり仕舞ったりと試みるがどれひとつ役に立たない。ああ駄目だ。仕方がないので起き上がり、窓の外の夜空でも眺めてみる。

泊まっているホテルのある西五十一丁目九番街という通りをひとつ挟んだ正面に、六階建ての古いアパートがあった。いくつもあるアパートの窓に目をやると小さな明かりがぽつんと点《つ》いている部屋がひとつあった。その部屋は僕の部屋より少しだけ低い位置にあった。レースのカーテン越しに部屋の様子が見えた。窓辺には小さな丸いテーブルがあり、ランプの下には数冊の本が積んである。部屋の奥にはアコースティックギターが立て掛けてある。眺めていると窓辺に人影が現れた。男と女である。二人は窓に近づき、カーテンを開けて、僕と同じように窓の外を見つめている。彼らは何を見ているのだろうか？　すると僕は一瞬、二人と目が合ってしまったような気がして、あわてて顔を窓から遠ざけた。とはいえ僕の部屋には電気が点いていない。彼らから僕が見えるはずがないと気がついた。もう一度、二人の部屋を見た。二人はまだ外を見つめている。しばらくすると目が馴《な》れてきたせいか二人の顔が見えてきた。男は金髪の白人。女は長い黒髪の東欧系だった。二人ともまだ二十代の若さであろう。驚いたのは二人とも何ひとつ身につけていなかったことだ。

女が何かぽつりぽつりと言葉をつぶやいている。そうしながら時折、男の顔を下から見つめているが、男はじっと立ったまま窓の外を見ているだけだった。男の方を向いた女が手を伸ばし、男の髪に指を入れ、首から胸、そして肩へと手のひらを這《は》わせている。女が男をしきりに愛撫《あいぶ》していくのがわかった。

僕は見てはいけないものを見ている自分に、ふと立ち返り、窓から遠のいた。そしてベッドの枕に顔を埋め、シーツを被《かぶ》り、二人の行為を覗き見することなくやり過ごそうとした。どこか遠くでパトカーのサイレンの音が鳴り響いている。酔っ払いの叫び声が聞こえる。タクシーが道路をジャンプしながら走る音が聞こえる。今度は耳が冴えて仕方がなかった。女のすすり泣くような細い声がどこかから聞こえてくる。それは断続的ではなく、耳を凝らすと消え、気を抜くとまた聞こえるといった感じであった。

僕はベッドサイドに置いてあったミネラルウォーターをのどを鳴らして飲み干し、窓にそっと近寄り、もう一度、二人の部屋を覗き見た。さっきまで小さな明かりが点いていた部屋は真っ暗であった。そうかあの二人もとうとう眠りについたのか。時計を見ると夜中の三時を廻《まわ》っている。僕はほっとした気持ちと少しだけ落胆したような気持ちで、小さなため息をつき、窓の外をぼんやりと見続けた。そして人肌が恋しい思いを心の外に追いやろうと努めた。そうしていると、暗闇の中で薄いレースのカーテンが揺れているのが見えた。目を凝らすと、明かりの消えた部屋の窓辺で、男と女が立ったまま愛し合っているのが黒い影となって見えた。女は男に抱かれ、長い髪を床に垂らしながら声を殺して喘《あえ》いでいた。

街灯のほのかな明かりが浮かび上がらせた二人の影は、神秘的で美しい光景として僕の目に映った。他人の愛し合う姿を間近で見たのは初めてだった……。

次の日の朝、僕はベッドにたっぷりと注がれた眩《まぶ》しい陽射しに起こされ、コーヒーを買うために、寝起きの姿でふらふらとホテルから数メートル離れたデリストアに出掛けていった。一ドル二十五セントのコーヒーに牛乳をたっぷりと入れてもらい、お金を払って店を出ようとした時、レモングラスのいい香りをさせた人と、入り口ですれ違った。

振り返ると、黒く長い髪をした女性の姿があった。僕と同じように女性も寝巻きのままだった。女性は「持ち帰りでコーヒーをふたつ下さい」と注文した。その声はさわやかでいのちに満《み》ち溢《あふ》れていた。

雲ひとつない良く晴れたニューヨークの朝だった。

雨の中で触れたやわらかさ

朝起きて、体温計で熱を計ると三十九度四分あった。

昨日の深夜、僕は一人でミッションのカフェ『OH, SO LITTLE』をぶらりと訪れた。知り合いがいれば夜の退屈が少し位しのげると思った。カフェは大賑わいだった。ぐるりと店を見回してみる。知り合いは一人も見つけられなかった。

まあ、いいか。テーブル席は埋まっていたのでカウンターに立ち、コーヒーとダブルチョコレート・ドーナツを注文した。注文は三回も大声で叫ばなくてはならなかった。目の前に置かれた皿に載ったドーナツは、半分がぐしゃりとつぶれていた。コーヒーは煮詰まっていて苦いだけだった。

ダブルチョコレート・ドーナツを三口食べて、そのかたまりをコーヒーで流し込んでいた時だ。僕の隣にディパックを背負った女の子が突然ピョンとあらわれた。走ってきたのだろうか。ハアハアと肩で息をしている。横を向くと彼女とパチンと目が合った。

「ハーイ……」

彼女はちらりと僕を見て、誰にでもするような挨拶をした。

「ハーイ、どこから走ってきたの？」

「ちがうわよ。仕事が終わったと・こ・ろ」

「え、ここで働いてるの？」

「そうよ。私、あなたを見たことあるわ……。この店によく来るでしょ」

見ると確かに彼女はここで働いているウエイトレスだった。いつも栗色の髪を細かい三つ編みにしていて、大きいスエットパーカーをざっくりと着て、リーバイスのコーデュロイの丈を短く切って穿いている女の子だった。そして足下はいつも裸足《はだし》。痩《や》せてるわりに胸が大きい子だと僕は憶《おぼ》えていた。

「ふう。やっと終わったわ……仕事」

「何か飲む？　一杯だけ奢《おご》るよ……」

「ほんと？　じゃあ、カプチーノにラム酒をたっぷり入れたやつ！　カプチーノにラム酒たっぷり!!」

彼女は大声でカウンターの中へ叫んだ。

「サラよ、よろしく。私、日本語話せるわ」

彼女は日本語で話しはじめた。四年間、日本人のボーイフレンドと付き合っていたという。そしてUCバークレー校で日本語も学んでいたらしい。なかなかの才女である。

「シスコに住んでるの？　それとも旅行？」

「ビザは無いから、日本とシスコを行ったり来たり。ついこの間まで、この近くでチャイニーズのガールフレンドと一緒に住んでいたんだけど、別れたから今はテンダーロインの安ホテル暮らしだよ」

「ふーん、そうなんだ……」

彼女はラム酒たっぷりのカプチーノの上に載ったクリームをペロペロとなめている。話が途切れて、ぼんやりと窓の外を見ると、いつの間にか雨が降っていた。

「サラ、見て。雨が降ってる」

「ああ、ほんと。雨ね。私もう帰らなきゃ」

「また会えるかな。晴れた日にバークレーでランチでも食べない？」

誘うと彼女は、一瞬どうしようかなという顔を見せたが、「うん、そうね。いいわ……」と答えた。そして「あなたまだ帰らないの？　傘とか持ってる？」と上目遣いをして訊《き》いた。あごを手に載せて僕をじっと見つめている。

「傘なんていらないよ。でも、もう帰ろうかな……今日は会えて嬉《うれ》しかったよ」

「ね、良かったら一緒に帰らない？　私んちは三ブロック先だから……」

彼女は僕を誘うようなことを言った。こんなラッキーがあるのかと思った。

「うん、まあ、いいよ……」

僕はカウンターに彼女のコーヒー代も置いて「さあ、行こう」と肩に手を添えて店を出た。

外は大雨だった。僕は彼女の肩を抱いて歩いた。歩きながら幾度か彼女のやわらかな胸が僕の身体にかすかに触れた。

「……ちょっと寄ってく？」

彼女の家はビルの三階にある小さなアパートだった。雨でずぶ濡《ぬ》れになった身体から水滴を落として階段を上がった。

「静かに……みんな寝てるから」

僕はぎくしゃくした緊張感と、これから彼女の部屋で何をするのかを考えてしまい、ひとつも言葉が出なかった。

「ちょっと待ってて、少し片づけるから」

と言って彼女はドアを一度閉めた。
二、三分してドアが開いた。

「ごめん、今日は帰って……」

彼女は申し訳なさそうな顔をして言った。

僕には何がなんだかわからなかった。仕方なく階段を下り、歩道に立って、彼女の部屋の窓を見上げた。するとそこには、彼女ではない人の影があった。

ホテルまでの長い道のり。歩きながら僕の頭の中はかすかに触れた彼女の胸の感触で一杯だった。彼女のやわらかさ……。波立った気持ちはしばらくの間、元に戻らなかった。

何年も経った今でも忘れることのないあの時の感触。いつかまた彼女に会いたいと思い続けている。僕はなんて愚かなんだろう……。

彼女の行方（前編）

ニューヨーク西四十四丁目の『マンスフィールドホテル』に滞在していたある朝、ホテルのバーで朝食をとっていると、顔を知る日本人の女性とばったりと会った。

「お久しぶりです。こんなところで会うなんて驚きです……」

「ええ、ほんとに。お仕事で来られているのですか？」

「はい。でも仕事は昨日で終わったので、今日からはオフです。あと三日ほどニューヨークにいるつもりです」

「そうですか。私はこっちに暮らす古い友人に会いに来たんです。あの……もし今日、時間があったらご一緒しませんか。ぜひ友人を紹介したいんです。彼女もきっと喜びます」

彼女はコーヒーを片手に持ち、隣のソファに腰をかけた。

「いいですよ。今日は一日ホテルでごろごろしているつもりでしたから……」

僕は彼女の誘いに喜んで乗った。

「では、十一時にロビーで待ち合わせしましょう。友人の家にはここから歩いていけますから……。あ、朝食をお邪魔してごめんなさいね。じゃあ、またあとで……」

そう言って彼女はコーヒーを持ったままエレベーターで部屋へと戻った。

以前、僕はある男性誌に連載を持っていて、その時の担当が彼女であった。二年続いた連載が終わった後は一度も会うことはなかった。今日会ったのが三年ぶりだった。

十一時になり、僕はロビーへと降りた。彼女はまだいない。打ち合わせなどで何度か待ち合わせをしたことがあったが、必ず時間より早く来ているのが彼女だった。僕はロビーに置かれたアンティーク調のベンチに座って彼女を待った。

三十分経ったが彼女は現れない。もしかしたら、時差ボケで寝てしまったのかも。そう思った僕はフロントから彼女の部屋へと電話をかけた。部屋には誰もいなかった。

何かあったのだろうか……。そう考えながら僕は彼女を待ち続けた。すでに待ち合わせ時間から一時間が過ぎていた。これはきっと別の用事か何かが出来て、待ち合わせに来られなくなったんだ。僕はフロント係に彼女の名前を告げて、待ち合わせしていたけれど現れないので部屋へと戻る。もし、彼女を見かけたら僕の部屋に電話をくれるようにと伝言を頼んだ。

午後七時。夕食をどこかで食べようとホテルを出た。フロント係に彼女を見かけたかと訊くと「見ていない」と答えた。おかしいな……。いやな胸騒ぎがした。とはいえ、彼女は外国馴れしていて、僕よりも英語が堪能《たんのう》である。きっと大丈夫。そう自分に言い聞かせて、深く考えるのは止《よ》そうと思った。

とはいえ、その日の僕は食欲も出ず、近所のギリシャ料理レストランで注文した大好物のパスタを半分も残してしまった。やっぱり不可思議だ……。彼女が心配になった。

僕はホテルに戻り、マネージャーを呼んだ。そして今日の経緯を話した。彼女の安否がどうしても心配なので、部屋を見て来てくれないかと頼んだ。

「もしかしたら、具合が悪くなり倒れているかもしれない……」

「わかりました。では一緒に見に行きましょう」

マネージャーは僕の頼みを聞き入れてくれた。

部屋に着いて、何度かノックをし、大きな声で呼んでみたが返事はない。マネージャーは合い鍵で部屋を開け、先に中に入り「お客様、いらっしゃいますか？」と声をかけながら、ベッドルームのドアを開けた。ベッドルームには誰もいなかった。部屋はちらかることなく整頓《せいとん》されていて、部屋の隅に彼女のスーツケースがぽつんと置かれているだけだった。

「誰もいないようですね……」

「ありがとうございました。彼女が倒れていなくて安心しました……」

僕はマネージャーに彼女がいつまで滞在する予定になっているかと訊いた。マネージャーは部屋からフロントへ電話をかけて調べてくれた。

「明日の朝、チェックアウトする予定です。きっと今日の夜には帰ってくるでしょう」

彼女は待ち合わせをすっぽかすような人ではない。僕はいやな胸騒ぎをどうしても拭いさることができなかった。

次の日の朝はやく、僕は彼女の部屋に電話をかけた。誰も出なかった。フロントに電話をかけ、彼女の帰宅を訊くと、帰ってきていないという返事だった。

チェックアウトの時間はすでに過ぎた。彼女はニューヨークで突然姿を消してしまった。

彼女の行方（後編）

朝になっても彼女はホテルに戻らなかった。

慌てたホテルのマネージャーは日本人の宿泊客が行方不明になったと警察へ連絡をした。すると、驚くほど早くニューヨーク市警の警察官と刑事らがホテルに現れた。刑事の中に金髪の痩せて背の低い女性がいた。僕はその容姿に驚いた。パープルのタンクトップにミニスカート。ミュールを裸足ではいている。肩に小さなショルダーバッグをひっかけている。そのコギャルが持つようなバッグの中に銃が入っているのだろうか。知人が行方不明になっている状況で不謹慎かと思ったが「あの痩せた女性は刑事さんですか？」とそばにいた警官に小声で訊いた。「ああそうだ。彼女はすご腕の刑事だよ」と教えてくれた。「すると彼女に最後に会ったのはあなたね」「はい。最後に会ったのは昨日の朝です」「事故に遭って救急病院に運ばれている可能性もあるわ」女性刑事は携帯電話であらゆる場所に連絡をして日本人女性を探すようにと捜査をはじめた。「大丈夫、彼女きっと見つかるわ」女性刑事はホテルの監視カメラをチェックして彼女の姿を見つけるようにとマネージャーへ指示をした。

この騒ぎでホテルは騒然となった。警官は屋上から地下にいたるまで、ホテル内のあらゆる場所を捜索した。僕は事態を見守るしかなかった。彼女が無事でいますように……。そればかりを何度も祈った。

ロビーの隅で電話をしていた女性刑事が電話を切った途端、にっこりと笑ってこう言った。「彼女見つかったわよ!!」大勢の警官と刑事が女性刑事を取り囲んだ。「彼女はすぐ近くの警察署の留置場にいたわ」女性刑事はやれやれといった表情を見せた。「彼女は昨日の朝早く『ブルーミングデール』で洋服を万引きして逮捕されたみたい。まったく人騒がせだわ」

なんと、行方不明になった僕の知り合いは、デパートで万引きで捕まって留置場に入れられていたのだ。僕はそれを聞いて彼女が生きてて良かったと心から思った。「心配ないわ。今日の夕方には釈放されるはずよ」女性刑事は警察官を引き連れて颯爽《さっそう》とホテルから出ていった。

僕はホテルのロビーで釈放されて戻ってくる彼女を待った。日が暮れた頃、ホテルの前に一台のタクシーが止まり彼女が降りてきた。そしてすぐに僕を見つけるなり泣き出しそうなくしゃくしゃな顔を見せた。「ごめんなさい……」「大変な目に遭いましたね」「ほんとにごめんなさい。私、万引きなんてしてません。『ブルーミングデール』で買い物をして、店を出る時、一人しか入れない回転ドアに無理に入ってきた女の人がいたんです。いやだなと思ったけど、そのまま店を出た途端に警備員が私の腕をつかむから、何ですかと訊いたら、この服はなんだと訊かれたの。私のバッグに見たこともない洋服が入ってたんです。知らないわと言っても、警備員は聞いてくれずに、すぐに警察に連絡されて、逮捕って言われたからびっくりしちゃって。それで今まで留置場にいたんです。日本語が話せる弁護士が来たので、私は万引きなんてしてませんと言ったら、裁判で争いますか？　そうすると当分ここから出られませんよ。これは交通事故だと思って、罪を認めて、償いとして罰金の支払いと奉仕活動をすることに承諾すれば、明日の午後にはここから帰れると説明を受けたんです。私くやしいから絶対認めないと言いました。では、しばらくここで寝泊まりすることになると言われて……。あきらめて認めました。馬鹿みたいでしょう……」彼女はそのいきさつを一気に話した。そしてぽろぽろと大粒の涙をこぼした。「万引きなんてしてないのに……」僕は彼女の肩を抱いた。ホテルのスタッフやマネージャーも彼女の話を聞いて同情してくれた。

「でもね、すごく面白かったわ。留置場に次から次へと運ばれてくる女性たちとのおしゃべりがとにかく楽しかったの。ほとんどが売春婦かドラッグの売人なんだけど、私の話を聞いてみんな慰めてくれるの。そして自分たちのことを聞かせてくれるんだけど、彼女たちのほとんどが毎日捕まってそこに留置されている常連なのよ。だから何でも知ってて教えてくれるの。認めれば一日で帰れると最初に教えてくれたのも彼女たちだったわ。彼女たちの話を書けばそれだけで一冊の小説になりそうよ。私書こうかしら？」彼女は急に浮き浮きして話しはじめた。「明日の昼、奉仕活動に行かないといけないんです。口惜《くや》しいけど仕方がないわ。警察署の廊下磨きよ」

その晩、僕は彼女を夕飯に誘った。そして三日間、延泊した彼女と共に過ごし、一緒に日本へと帰った。なんとも不思議なニューヨークでの再会だった。

ロンドンのおいしい店

「今日は何を食べにいこうか……」

ロンドンのB&Bで知り合った、ドイツ人のマジャーナという名の女性が、ティールームのソファに寝転がった僕に訊いた。彼女はヘルシンキからスコットランド、そして、ここロンドンで一週間滞在した後、パリへ行く予定だ。パリには七年付き合っている恋人が待っているという。

「何を食べてもハズレばかり。ロンドンはほんとにおいしいものがない……」

ロンドンに来てから一週間、舌鼓をひとつも打つことのない僕は半ばやけになっていた。オーガニック・メニューで評判というパブで食べたリゾットは塩辛くて食べられなかった。ガイドブックで星がいくつもついた中華レストランで出てきた小籠包《しょうろんぽう》は電子レンジで温めたものだった。おしゃれな人に人気というタイ料理店は、まずい上に一人五十ポンドも取られた。旅の楽しみはその土地のご馳走《ちそう》である。それが連日裏切られること程、悲しいものはない。アルコールを飲まない僕にとって、今のところロンドンは最悪だった。

「カレーはどう？　ブリックレーンでアフガニスタン・カレーを食べない？」

マジャーナは僕の膝に足首を載せて言った。ブリックレーンは週末のガラクタ市で知られる街。古くはフランスのユグノーと呼ばれる絹職人が移住し、その後、ユダヤ人やインド人、アフガニスタン人が暮らしを築いたウエストエンドの移民街だ。

「いいね。帰りにベーグルを買って帰ろう」

ふざけてマジャーナの足の裏を揉《も》みながら答えると、マジャーナは「キャー」と大きな声で叫んで、その足で僕を蹴飛ばした。

ロンドンの秋風はさらりと乾いて心地良かった。ブリックレーン通りに向かう途中に『STORY DELI』というカフェがあった。

「ねえ、このカフェいい感じじゃない。まだ時間が早いからお茶していこうよ？」

僕はすぐに賛成した。小麦粉倉庫をそのまま店にしたような簡素な内装が気に入ったからだ。店の中には分厚い一枚板を天板にしたテーブルがあり、段ボールで作られたスツールも良い。

「ここにあるのは、全部チョップ・テーブルね。センスいいわ……」

マジャーナは店を見廻してうなずいた。チョップ・テーブルとは肉屋で使われたテーブルだ。天板自体がまな板になっているため、所々に包丁の跡が残っている。物によっては、包丁で叩《たた》き過ぎたのか天板の真ん中が器のように削られているのもある。

「わたしワイン。あなた何にする？」

「僕はハーブティーにしよう」

二人は大きな鏡が置かれたテーブルについて店の子に注文をした。マジャーナはこの店がどんな店なのか、注文を取りにきた赤毛の女の子に訊いた。すると、ここはウィルカス通りにあるセレクトショップ『STORY』が経営するオーガニック・カフェだとわかった。おすすめはピザとサラダ。タルトレットも人気と言う。

「ねえ、どうする？　カレーをやめて、ここで夕飯食べるってのは？」

すでに口とお腹がカレーを待っていた僕はどうしようかと迷ったが、この店を相当気に入ったらしいマジャーナに、やっぱりカレーがいいと言っても、絶対ここで食べたいと言い張るに違いない。今日はマジャーナに付き合おうと決めた。

「いいよ。今日はここで食べよう」

「よかった。きっとここはおいしいはずよ」

マジャーナは嬉しそうに微笑んだ。

僕はアーティチョークのピザ。マジャーナはブルーチーズの入ったグリーンサラダを注文した。吹き抜けの二階で作られる料理は、全て木の板の上に載せられて客にサーヴされる。そんなセンスも良い。

「おいしい。やっとロンドンでおいしい店を見つけたよ」

そう言うと、マジャーナは返事をせず、二階のキッチンをじっと見つめて黙っていた。

「マジャーナ、どうしたの？」

そう訊いてもマジャーナは答えなかった。

僕が肩に手をかけると、マジャーナは「えっ？」と振り向き、我に返った。

「ねえ、二階でエプロンしている子、わたし好みなの。声をかけてきていい？」

マジャーナの瞳は完全に恋する乙女の目になっていた。

「いいよ。僕を気にすることはない」

そう言うと、マジャーナは静かに二階のキッチンへと上がり、痩せて髪の長い青年に声をかけた。そしてしばらく立ち話したかと思うと戻ってきて、こう言った。

「ねえ、悪いけど今日は先に帰って。私、彼とお茶して帰るから……」

その晩からマジャーナはB&Bに帰ってこなかった。結局、僕は彼女と顔を合わせること無く、ロンドンを旅立った。

ロンドンでやっと見つけた美味《おい》しい店は、僕の友人さえもとりこにしたのだった。

ニューヨークでクリスマス

十二月生まれの僕が二十歳になったばかりの冬のこと。

当時はまだニューヨークを知らなくて、ユダヤ系アメリカ人の友人を頼って不自由に暮らしていた。寝床は友人のマンションの一室。レキシントン・アヴェニュー三十八丁目にあるそのマンションは、八階建てで部屋はペントハウスだった。エレベーターにはPHと記されたボタンがあり、なんだかそれがとてもかっこよく見えた。友人の名はジュリアン。ジュリアンは僕より二つ年上だった。まだ若いジュリアンが、どうしてそんな立地のいい場所にあるマンションの、それもペントハウスに暮らしていたかというと、その部屋は彼の父が所有する資産のひとつだった。ジュリアンは僕に、ベッドをひとつ与えてくれ、いつまで居ても構わないといってくれた。

ジュリアンと出会ったのは、年上の知人を介してだった。知人はニューヨークでファッションブティックを経営していて、ジュリアンはそこで働くマネージャーだった。ニューヨークにしばらく滞在しようと思っていると、知人に話すと、「それならとても優しい青年がいるから、ぜひ彼に会ってみなさい」と、ジュリアンの連絡先を教えてくれた。

それから数日後、ケネディ空港に着いた途端、僕は宿泊予定のホテルを記したメモを無くしてしまった。しかし、とりあえずタクシーでその近辺まで行き、あとは歩いてホテルを探せばいいと思った。僕はマンハッタンに向かってタクシーを走らせた。しかし、タクシーで向かった近辺には、ホテルの看板がひとつもなく、日は落ちはじめ、辺りはいかがわしい店やそれに関係するような人々が道々に溢れてきた。僕は心細くなった。どこでもいいから、早くホテルを探して部屋に入りたかった。僕は知人がくれたジュリアンの連絡先のメモを思い出した。当時は英語がうまく話せなかったが、とにかく今は誰かに助けてもらいたい気持ちで一杯だった。

公衆電話からジュリアンの家に電話した。すると、優しい口調で「ハロー」とジュリアンが電話に出てくれた。たどたどしい英語で「日本から来たあなたのボスの知人です。今、ちょっと道に迷っています。助けてください」と話した。ジュリアンは、「わかった。今、君がいる場所を教えてくれ。そこから動かないように」と言った。

およそ十分後、「ヤタロー、ヤタロー」と声を上げながら小走りでやってくる青年が道の向こう側に見えた。僕は大きな声で「アイム・ヒア!!」と何度も叫んだ。ジュリアンは僕に気づいてくれた。ジュリアンは優しい目をした人だった。空港からの経緯を彼に話すと、「それなら今日はうちに泊まればいい」と言ってくれた。

ジュリアンには恋人がいた。トムという青年だ。ジュリアンはゲイだった。僕はそのことについて気にしなかったし、ジュリアンも知られることについて気にしていなかった。しかし、トムの僕にたいする嫉妬がひどかった。ジュリアンとトムは僕のことで頻繁に口論をした。今まで週末はこの部屋で二人で過ごしていたのに、僕がジュリアンの部屋に転がりこんだおかげで、そのひとときが失われてしまったのだ。

「じゃあ、ヤタローを追い出せというのか。彼はニューヨークをまだ知らないんだ。それに彼は僕のボスの知人なんだ」

「ヤタローは旅行者だろう。それならホテルに泊まるべきだ。彼だって最初そのつもりだっただろうに」

ジュリアンとトムは、僕の目の前でこんな風にやりあった。僕はジュリアンのいつまでも居させてくれようとする優しさが嬉しかったが、その気持ちを伝える英語力がなかった。

クリスマスの日。僕はこの日だけはジュリアンとトムを二人きりにしてあげたかった。僕はクリスマスの朝、ジュリアンの部屋を出ることにした。そして五十一丁目の安ホテルへと向かった。ジュリアンには一通の手紙を残して、彼が用事で出かけている合間に部屋を出た。

クリスマスの夜、僕は暖房が効かない小さな部屋で毛布にくるまって、映りの悪い白黒テレビから流れるクリスマスソングを聴いて過ごしていた。寂しかった。そうして眠気でうとうとしていると、部屋をノックする音がした。恐る恐るドアを開けてみたら、そこにはジュリアンとトムの二人が立っていた。

「ヤタロー、どうして出て行くんだ。僕らは君とクリスマスを過ごしたくて準備していたんだよ。さあ、一緒に帰ろう」

トムが僕にこう言った。ジュリアンはにっこりと笑って僕の手を引いた。僕の目からは涙がとめどなく流れた。そして、わんわんと声を上げて泣いてしまった。

クリスマスの夜、三人で眺めた、エンパイアステートビルからの夜景は素晴らしく美しかった。

彼女の新しい笑顔

誰かと一緒に旅することは少ない。昔から僕は一人で旅をしてきた。

二年前の冬のことだ。勤め先での仕事がうまくいかず、人間関係もおかしくなり、七年間勤めた大手製薬会社を退職した女友達がいた。どんなことにも誠実に向き合う彼女の性格ゆえ、知らぬ間にストレスをため込んでいたらしく、その結果、身体まで壊して欠勤が重なるようになった。その後、きまじめな彼女が退職したと聞いて、僕は悲しい気持ちを抱いた。すべての人がそうとも限らないけれども、優しくてきまじめな人間ほど社会の波風を浴び犠牲になることが多い。多少ちゃらんぽらんで図々しく、気持ち半分で要領良く働く人のほうが、いつも元気で、なぜか出世もしている。こういう人は会社や他人に対して不満があると、周りのことを考えずにその不満を平気でぶちまける。そうしてすっきりして後始末などは気にもかけずにいけしゃあしゃあ。それなら元気でいられるはずと腑《ふ》にも落ちる。僕の友人とは正反対である。

ロンドン行きの飛行機の中で彼女は、辞めた会社のことや、こじれた人間関係のことなどひとつも話さなかった。「窓のシェード開けていいかな？」窓際に座った彼女は、飛行機が離陸してから六時間あまりひとつも話さなかったが、突然ぽつりとこう言った。「今は開けないほうがいい、寝ている人が多いからね。通路の先にある窓から見るといいよ」そう言うと、「うん、わかった」と言って、席を立った。彼女が戻ってくるまで、どのくらいの時間が経っただろうか、僕は寝ていたのでわからなかった。気がつくと彼女は僕の隣でブランケットを鼻の下まで被って目をぱっちりと開けて、座っていた。

「あ、帰ってきたんだ。空どうだった？」と訊くと、「うん、きれいだった……。空も雲も」と彼女は言った。そしてシェードが閉じられた窓の方を向いたまま「いい？」とつぶやいて、僕の手を握った。彼女の手は氷のように冷たかった。そのまま手をつないで、僕と彼女は言葉を交すことなく、ロンドンへと向かっていった。

ロンドンのヒースロー空港に着いて、僕らは友人の迎えを待った。ロンドンでは友人夫妻が彼女の世話をしてくれることになっていた。僕にはロンドンでの仕事があったのでここで彼女と別れる予定。一週間後に、帰りの飛行機の席で待ち合わせて一緒に帰る約束だ。僕の宿はセント・ジェームズ通りにある小さなホテルを予約してあった。彼女は友人夫妻の家に泊まり、ロンドン郊外や美術館巡りをする予定である。

すぐに友人夫妻がやってきた。彼女を紹介すると「よろしく。気楽にね」と奥さんのリカさんが言った。彼女はぺこりと頭を下げて挨拶した。「じゃあ一週間後に」「うん、じゃあ、またね。気をつけてね」そう言った彼女は、後ろを振り向かずに友人夫妻の車に乗り込んだ。

半月ほど前のこと。「再来週にロンドンに取材で行くんだ。あっちはもう寒いだろうなあ」そう言うと彼女は「私一緒に行ってもいいですか？　仕事の邪魔はしません。ずっと一人でいますから」僕は戸惑ったけれど、仕事を辞めて気持ちを落としている彼女が、ロンドンへの旅で少しでも気持ちが晴れるならと承諾をした。行きと帰りの飛行機を一緒に予約し、あとはお互い自由に旅するという決まりでうなずきあった。ロンドンに暮らす友人に話すと、じゃあ僕らが彼女とご一緒しようととんとん拍子で話が進んだ。

一週間後の朝、チェックインして飛行機へと乗り込んだ。彼女の姿を探すと、彼女はすでに先に席に座っていた。小さく手を振ってから荷物を棚に載せ、隣に座った。彼女は「おつかれさまでした」とつぶやいた。「うん、そちらこそおつかれさまでした。ロンドンは楽しかった？」と訊くと、彼女は「はい」と言ってコクリと首を縦に振った。

僕は彼女がロンドンでどう過ごしていたのか何ひとつ知らない。友人夫妻からも聞いていなかった。ヒースロー空港を後にした飛行機が離陸してから、彼女はずっと窓の外を見つめていた。それから何時間経った頃だったのか、彼女が「いい？」と訊いてから僕の手をそっと握った。やっぱり彼女の手は冷たかった。「うん、いいよ」と答えて僕は彼女の手をぎゅっと握った。すると今度は、彼女もぎゅっと握り返してきた。そして窓のほうを向きながら「ありがとう」とひとこと言った。

旅の途中で、東京は年を越し、新しい年を迎えていた。「あ、そうだ、あけましておめでとう」僕がそう言うと、彼女はしばらく黙っていたが、「うん、今年はがんばるぞお……」と答えた。その時、彼女はこの旅ではじめての笑顔を僕に見せた。その時の彼女の曇りの無い笑顔に、僕は理屈抜きでああ良かったと安堵《あんど》を覚えた。それからも彼女は窓の外の青い空をじっと見つめ続けていた。

母のこと

しばらく外国に行くと告げると、母は「あら、そう」とそっけなく答えた。外国がどこの国で、どこの町に行くかとは訊かなかった。来週早々に出発すると言うと、「あら、そう」と同じようにつぶやいた。それきりだった。

僕と母は仲が悪いわけではないが、親密かというとそうでもなかった。幼い頃から両親は共働きだったため、早いうちから精神的に自立していた僕は、何かを決めることで両親に相談したことは一度もなかった。決めたことは、いつも事後報告か、その寸前に知らせるのが普通だった。

久しぶりのニューヨークで過ごした冬は、何十年かぶりの大雪が降り、毎日が零下の寒さだった。

携帯電話など無い時代だったから、泊まっているホテルの住所と電話番号だけは母に伝えていた。頼まれてそうしたのではなく、せめてそのくらいはしておかないと、と思ったからだ。正直いうと、そんなことで旅の不安を少しでも和らげたかったのかもしれない。

日本を離れて二カ月経ったある日の午後、風邪を引いてしまい部屋で寝込んでいたら、ドアをノックする音がした。開けるとホテルの従業員が「電話がかかっている」と教えてくれた。部屋に電話がないため、外からの電話はすべてフロントを通す。ギシギシと音をたてながら動くおんぼろエレベーターで下へ降りて、フロントの受話器を取った。電話をかけてきたのは母だった。僕は驚いた。「もしもし、お餅をたくさん頂いたから、送ろうと思うんだけどどいる？」「うん。でも、こっちには焼く道具がないよ。ホテルだから台所もないし。だからいいよ」「どう、そっちは？」「寒いよ。風邪引いて今日は寝てたよ」「熱あるの？」「測ってないからわからない」「あら、そう」母はいつもと同じ言い方をした。

「ちゃんとご飯食べてるの？」「ああ、食べてるから大丈夫だよ」母は少し黙ってから、「じゃあまたね」と言って電話を切った。電話を切った後、日本は今何時だろうかと思った。時差を考えて、母は電話をかけてきたのだろうか？

それから一週間後の朝のことだ。またしても母からホテルに電話があった。「風邪は治ったの？」「うーん、まあまあかな」「あら、そう。今ね、用事があって近くに来てるのよ」「えっ！　来てるってニューヨークに？」「そうよ、友達に会いに来てるのよ。だからあなたのホテルにこれから行こうかと思ってるんだけどいいかしら？」「来てるって、今どこにいるの？」「空港よ。タクシーでホテルまで行くわ」「って、大雪だからタクシー走ってないよ」「大丈夫よ。じゃあね」

海外旅行をしたことがない母に、ニューヨークの友達がいるなんて考えられなかった。気になってホテルの玄関を開けると、外は雪が風に舞って吹雪になっていた。

一時間経った頃、一台のタクシーがホテルの前に止まり、人影が道路に降り立った。見ると大荷物を両手に持った母だった。

「前もって言ってくれれば、空港まで迎えに行ったのに」「病人を迎えになんて来させられませんよ」母は真っ白な息を吐いて言った。ホテルに入ると、母はフロントにいた従業員に深々と頭を下げて、「いつもお世話になっています。ありがとうございます」と日本語で挨拶をした。そのいんぎんさに、みんな目を丸くして驚いた。

部屋に案内すると、母は口を一文字にして黙りこくった。あまりに簡素で寒々とした部屋を見て、言葉が出ないのがその目をみてわかった。母は両手に持った荷物を僕に渡した。見ると、お餅やインスタントみそ汁、海苔《のり》やしょうゆ、おせんべいといった食料ばかりだった。風邪薬もあった。一番驚いたのはオーブントースターを持ってきていたことだ。

「これでお餅を焼きなさいね」「いいのにこんなにしてくれなくても」僕はありがとうと素直に言えなかった。「じゃあ、私もう行くから」母は荷物を置くだけ置いて帰ろうとした。「どこに？」「友達のところよ」「そこはどこ？」「空港の近くよ」僕は母を引き止めたが、母は帰るときかなかった。

フロントでタクシーを呼んでもらい、待っている間、ふと母を見ると、涙をひとすじ流していた。それを見た僕もこらえられずに涙した。母との間に会話はなかった。

タクシーが到着した時、母は口を開いた。「がんばんなさいよ」「うん、ありがとう」タクシーに乗り込んだ母は、「じゃあね、バイバイ」と言ってドアを閉めた。タクシーは吹雪の中を走り去っていった。

三日後、母から電話があった。日本からだった。聞くと、母は次の日の朝の便で帰国したとわかった。「この間はありがとう。しかし、よく英語を話せたね？」「親を馬鹿にしちゃいけませんよ」母はクスクスと笑った。「ニューヨークの友達って誰？」そう訊くと、「あんたの知らない人よ」と母は答えた。

マルセイユの旅人（前編）

パリから車を走らせて、リヨンで一泊、エクサンプロヴァンスで二泊して、はるばるマルセイユまで出かけた理由は今でもわからない。ひょんなことから三人の友人と連れ立った旅であった。

三人で旅することに飽きた上に、思ったほど自由がないことに窮屈になった僕らは、マルセイユでは別行動をすることにした。宿泊する場所もそれぞれにして、帰りの日時と集合場所だけを決めて、手を振って別れた。

僕はマルセイユの港に面した、木のドアがきしむ、『ALLEN』という小さなカフェに入り、エスプレッソを注文した。ここでしばらくぼんやりとしようと思った。ひさしぶりの一人の時間を静かに取り戻したかったのだ。窓の外に目をやると、かもめが円になってマルセイユの青い空を悠々と飛んでいる。椅子の下に置いたバッグの上に、伸ばした足を載せて、椅子の背に身体をまかせると、大きな欠伸が何度も出た。さあて、これからどうしようかな。そんなふうに思っては、もう少しこのまま、と呑気《のんき》にくつろいだ。どうしようかな、このまま、を繰り返して、いつまでもぐずぐずしているのが、旅では一番だとしみじみと思った。

いい加減くつろいだ僕はカフェを出て、海沿いのメインストリートを歩いた。歩いていると見上げるほど大きなサッカー選手、ジダンの看板に出くわして驚いた。高さ十メートルはあろうかという大きさである。看板のジダンは地中海の彼方をにらんでいる。その少し先に、緑色のトタン屋根の小さな掘っ立て小屋があった。その前には古いハーレーダビッドソンが置かれていた。古かろうと充分に整備されてぴかぴかだった。何かの店かと覗いてみると、そこはタトゥーショップであった。こんな海沿いの掘っ立て小屋で入れ墨屋をやっているのかと感心をした。

興味を持って外から店の中をじろじろ見ていると、「何か用?」と後ろから声がした。振り向くと、栗色の長い髪を無造作に束ねた四十歳くらいの痩せた女性が立っていた。「ここはタトゥーショップですか?」看板にそう書いてあるのに、思わずそう訊いてしまった。「そうよ、ここは私のタトゥーショップよ」女性は言った。女性は黒いタンクトップを素肌に一枚着て、何日も洗ってないようなジーンズを穿いて、これまた何年も履きつぶしているようなエンジニアブーツを履いていた。タンクトップの脇から薄い乳房が見え隠れしている。見るからにバイク乗りのスタイルだ。「どこから来たの?」「日本。あ、今回はパリから車でドライブしてきた」「ふーん、そう。わたし日本に行ったことあるわ。少しだけタトゥーショップをやってたのよ」「へえ、そうなんだ。それはどこで?」「新大久保」「ああ、新宿の近くの」「そうよ」女性はミッシェルと名乗った。「良かったら、中でお茶でも飲まない?　実は教えてもらいたい漢字があるのよ」「いいよ、丁度ひまだったんだ」

僕はミッシェルのタトゥーショップに招かれるまま中へ入った。店の中は六畳ほどの広さで、いたるところにタトゥーのサンプルとなる絵が、あるものは壁に貼られ、あるものは床に散らばるようにあった。奥には小さなベッドがあった。彼女はここで寝泊まりしているのだろう。いれてくれたコーヒーを片手に話を聞くと、彼女はあらゆる国をバイクで旅をしながら、気に入った場所でタトゥーショップを開き、大体二、三年で閉めて、また新しい場所を探しに行くことを十年くらい続けているという。「ここには何年いるの？」「そうね、一年くらいかな、そろそろ次はどこに旅しようかと考えてるのよ。ローマもいいわね」最初はこわもてに見えた彼女だが、話をしていると、意外に気さくで心優しいところが見えた。「ねえ、ここに書いてある漢字を間違っていないかチェックしてくれない？」そう言って渡されたのは、空に舞う竜の絵の中にいくつかの漢字が書いてある一枚の紙だった。誰かに依頼されて原画を描いている途中だという。漢字は「自分」「心」「友情」とあった。見ると「友」という字が間違っていた。「この字が違うよ」そう言って正しい書き方を教えると、「ほんと？　ああ、よかった」彼女は眼鏡をかけて、正しい漢字を確かめた。僕は彼女のかけた眼鏡のレンズの厚さに驚いた。牛乳瓶の底みたいに厚いレンズだ。「すごい眼鏡だね」「いやだ、あまり見ないでよ。わたし超近眼なのよ」彼女はクスクスと微笑んだ。笑い方が可愛くて、それが可笑《おか》しくて僕も微笑んだ。

「今日泊まるホテル探しているんだけど、どこかおすすめはある？」そう訊くと、一瞬黙ってから「よかったらここに泊まれば？」分厚い眼鏡をかけたまま彼女はさらりとそう言った。僕はなんて答えたらいいかと困った。こういう雰囲気は、旅ではよくあることなのだが。

マルセイユの旅人（後編）

マルセイユを訪れた僕は、ふとしたことで知り合ったタトゥー職人、ミッシェルの住居兼アトリエに泊まらせてもらうことになった。そこは国道をへだてて、美しい地中海の景色を大きく見渡せる簡素な小屋だった。

ミッシェルは「気を使わないで、楽にして」と言うと、散らかったままの小さな木の机で、背中を丸めて何かの作業をはじめた。背中を丸めるのは近眼のせいだ。僕は古びたソファに横になってひと息ついた。今日会ったばかりの他人の部屋なのに不思議なくらいに心は落ち着いた。そのせいだろうか、このところ続いた旅の疲れがじんわりとしみてきた。部屋を見渡すと、ここは旅人の住《す》み処《か》だとありありとわかった。一見散らかってはいるが、今すぐ旅に出ようと思えば、いとも簡単に支度ができるくらいに生活道具は少ない。家具以外の持ち物は、外に停めてあるハーレーダビッドソンの荷台にらくらく載ってしまう量でしかない。

ミッシェルは、作業を終えると頭を上げて言った。

「あなた、タトゥー彫ったことある？」「ああ、あるよ。旅した場所でひとつずつ記念に彫っているんだ」

「へえー。ちょっと見せてよ」「見せるために彫ってるわけじゃないからいいよ」「いいじゃない。見せてよ」

ミッシェルはふざけて僕のシャツを引っ張って脱がせようとした。

「わかった、わかった、見せるから」

僕はシャツを脱いで上半身裸になって膝にひじを突いた。女性の前で胸を張るほどの自信はなかった。

「あらあら、見かけによらず、たくさん彫ってること……」

ミッシェルは微笑んで、僕のからだをまるで医者が診察するように前から後ろへと見てまわった。

「観光地のペナントみたいなものばかりだよ」「なかなかいいじゃない。気に入ったわ」

ミッシェルは、僕の右胸にある二羽のカモメの絵を指ですーっとなぞった。

「これはどこで？」「トゥルーヴィル」

右肩の雷鳥の絵に触り、同じことを訊いた。

「これは、アルバカーキー」

そんな風にひとつひとつの絵と土地の名を訊いていった。

「いろんなところに旅してるのね」「若気の至りだよ。君のタトゥーも見せてよ」

タンクトップ姿のミッシェルは、両手の指先から肩にかけて、原始的な幾何学模様、いわゆるトライバルのパターンがぎっしりと彫られている。

「いいわ……」

ミッシェルはタンクトップを脱いだ。タンクトップで隠れていたところには、小鳥や猫や犬といった小動物が野原を駆け回っているような絵が身体をキャンバスにして彫られていた。乳房は花園になっていて、桃色の乳首のまわりにはひなぎくが咲き誇っていた。

「かわいくて、きれいだね」

そう言うと、背中も見てよと言わんばかりに振り返った。背中一面には、丘の上に一軒の家が建っていて、そのまわりでたくさんの人がフォークダンスを踊っている神秘的で平和なタトゥーだった。空には雲が七色になって流れるように彫られていた。

「背中の絵はわたしの生まれ故郷よ」

ミッシェルはジーンズを脱いで、ショーツいちまいになった。両足も付け根から指先までタトゥーだらけだった。

「自分の身体でタトゥーの練習してるのよ」

ミッシェルは牛乳瓶の底のように分厚い眼鏡を外してテーブルに置き、指を僕の胸に這わせて、くちびるを重ねてきた。彼女の舌が僕を誘った。

次の日の朝、目を覚ますと、ベッドに彼女の姿はなかった。朝陽がさんさんと部屋に射し込み、あまりのまぶしさで目を細めた。

旅先で出会った女性と一夜を共にして、朝起きると女性の姿がなかったというのは、まるで映画や小説の中の物語のようで、今の自分にその通りのことが起きていることを可笑しく思った。例えばキッチンがあれば、そこで女性が僕のために朝食を作ってくれているという情景も想像できた。

まったく、こんなところで自分は何をしているのやらと呆《あき》れていると、ハーレーダビッドソンのエンジンの音が聞こえ、彼女が帰ってきたとわかった。ベッドの中から様子を見ていると、彼女は煙草をくわえたままドアを足で蹴って入ってきた。

「おはよう。ミッシェル」「あら、起きたの？　朝食買ってきたわ」

見ると、両手に袋を下げていた。

「この街のマクドナルドは美味しいのよ」

分厚い眼鏡の奥の瞳が優しく笑った。その瞳は、朝食が手作りでなくて、ごめんねと語っていた、ように思えた。

「よし、食べよう」

僕はベッドから起きて服を身に着けた。

本当に物語のようで、こんなことがあるのかと不思議で仕方がなかった。

「あのさ、マルセイユの記念を私に彫らせてくれない？　錨《いかり》のマークってどう？」

ミッシェルはフライドポテトにケチャップをかけながら言った。

僕はうなずくしかなかった。そうして、僕の身体にまたひとつ思い出が増えた。

テンダーロインのホテル（第一話）

サンフランシスコの『Bホテル』を見つけたのは偶然だった。二十年も前だから二十一歳の頃だ。何度か訪れていたサンフランシスコだが、知人宅を泊まり歩いていたせいで、いざホテルに泊まらなければならなくなった時、どこに泊まったらよいか皆目わからなかった。予算は一泊三十ドル以下。果たしてそんな安ホテルがサンフランシスコにあるのだろうかと思いながら、目抜き通りのマーケットストリートをダッフルバッグをひきずりながら歩いた。土地勘のある知人から、テンダーロインというエリアだけは、治安が悪いから歩いてはいけないと言われたが、地図を持っていなかったため、そのエリアに入ってしまったことに、まったく気づかなかった。どうしてそこに入ってしまったかというと、安ホテルが見つかりそうな街の景色というのが自分の感覚にはあり、そこにうろうろする人たちや街並みを見れば、このあたりにきっと安ホテルはあるに違いないと鼻が利く。ニューヨークの安ホテルがある辺りもそうだ。大概ホテルの看板は気がつかないほど小さく、縦に走るストリートではなく、横に走るアヴェニュー沿いにある。安ホテルは連れ込み宿でもあるから、夕暮れになれば、売春婦や、ドラッグの売人らしき者たちが、いつの間にか現れ、街角にはアルコールや薬品のつんとした匂いがぷんぷんし始める。

『Bホテル』は、悪名高いテンダーロインの真ん中にあった。不思議なことにホテルの入り口には、日本とイタリア、アメリカの国旗が飾られていた。建物は三〇年代のアールデコ調の美しい趣があり、連れ込み宿というよりも、時代に取り残された、ただ古いだけのホテルという印象だった。ドアを開けて、中に入ると、床には美しいモザイクのタイルが広がり、天井にはイタリア、ヴェローナ地方の景色の写真や風景画が飾られていた。

ここのホテルに足を踏み入れたのは、その雰囲気が気に入ったのではない。暗くなればなるほど、テンダーロインには薄気味悪い人たちが街をうろうろし始め、この街の住人ではない、しかも若いアジア人に対して、何かと話しかけたり、ちょっかいを出してきた。恐怖心が湧き、そろそろやばいなあと思い始めた時、ふと前を見たら、ホテルという看板を見つけ、半ば逃げ込むようにドアを押したというのが本当である。

フロントは、カウンター式のデスクで、人が二人も立てば窮屈になる大きさだった。安ホテルによくあるタイプ。ダッフルバッグをドアの近くに置いて、フロントに近づくと、カウンターの中に座っていたアジア人女性と目があった。五十歳くらいだろうか。女性はにっこり笑って、お泊まりですかと訊いてきた。一泊いくらかと訊くと、二十ドルからあるわよと答えた。とりあえず、一泊だけして気に入ったら連泊しようと思い、二十ドルの部屋を一晩借りることにした。どこから来たのかと訊くので、日本から来たと言うと、日本人の客は多いわよ、と言った。部屋の番号が大きく書かれたプラスチックのプレートがぶら下がったキーと、料金の二十ドルを取り換えると、朝食は八時からよ、と言った。どこで食べるのかと訊くと、そこよ、と観葉植物に囲まれた小さなソファセットを指さした。テーブル代わりにアンティークのトランクがぽつんとあった。そしてコーヒーは二十四時間飲めるわ、と言って、ソファの横にあったポットを目で教えてくれた。

ガシャンと大きな音のする、鉄柵に囲まれた旧式のエレベーターで、部屋のあるフロアに着き、鍵を開けて部屋に入ると、およそ六畳くらいの広さの部屋に、シングルベッドと一人掛けのソファだけがあった。床はカーペットが敷かれ、壁紙はイエローを基調にした爽やかな小花柄だった。共有のバスルームとトイレは、廊下に一ヶ所あり、恐々《こわごわ》と見てみると、思いの外、清潔で胸をなで下ろした。

寝る場所を得た安心感でふうとため息をつき、部屋のカーテンを開けると、一泊二十ドルとは思えない美しい夜景があった。安ホテルの多くが、カーテンを開けると、目の前が建物の壁であることが多い。しばらくここに住んでみてもいいかもという気持ちが湧いた。さて、明日の朝食は何だろう。そしてその時にきっと会えるであろう、ここの住人や宿泊者が楽しみで仕方がない。

パトカーのサイレンがけたたましく鳴るので、窓から下を覗くと、黒人が道路の真ん中に大の字になっていた。向かいの建物に目をやると、カーテンを開けっ放しの部屋で夕食を囲む家族の姿が見えた。父親の上半身は裸で、テレビでは野球が流れていた。テンダーロインの生活は悪くないかもな。そんな風に思って、ギシギシとスプリングの音がうるさいベッドに横になった。

『Bホテル』が知る人ぞ知る怪奇なホテルだとまだ知る由もなかった。

テンダーロインのホテル（第二話）

サンフランシスコのダウンタウン、治安の悪さで名高いテンダーロインに、『Bホテル』はある。リーヴェンフォース通りとゲーリー通りの交差する角に面していて、建物の高さは七階建て。サンフランシスコならではのモダンとビクトリアンが中途半端に交じり合った建築様式からすると、おそらく五〇年代に建てられたものだとわかる。ホテルのエントランスの隣には、『鳳凰《ほうおう》』という名のチャイニーズレストランとリサイクルショップが並んでいる。そこで売られているのは、燃えないゴミの山から拾われてきたようながらくたばかり。たとえばスニーカーが片方だけとか、自転車のタイヤひとつだけとか。『鳳凰』は夕方五時になると店を開ける。キッチンに男が一人と、フロアに女が一人だけいる。年の差から見て、二人は夫婦ではない。共に中国人だ。『Bホテル』に滞在を決めた翌日から僕は店が開くのと同時にこの店を訪れ、毎日の夕飯をここで食べた。夕方五時から八時くらいまで、この店の窓際の席に座って、ぼんやりと窓の外を見ながら過ごした。

テンダーロインは夕方六時頃になると、街の雰囲気が一変する。昼間は元気のなさそうなよぼよぼした黒人やメキシコ人の老人がうろうろしているだけだが、日が落ちて暗くなると、どこからか薄気味悪い人々が街にわんさかと現れる。見るからに危なそうなギャング風の男女で街は繁華街のように賑わうのだ。ある日、『Bホテル』で働く、シンガポール人のウェンという名の青年にこんなことを訊いてみた。「夜になると、ここらは危なそうな人で一杯になるけれど、ホテルがいたずらされたり、何か危害を加えられたりすることはないのか？」と。すると彼は自慢気にこう答えた。「このホテルのオーナーを知ってるかい？　毎朝、君らがロビーで朝食を食べていると、ジュークボックスにコインを入れて音楽をかける老人がいるだろ。彼がオーナーなんだよ。そして彼は、サンフランシスコのイタリアンマフィアのボスなんだ。そんな風に見えないだろ。だからもし誰かがこのホテルの壁に落書きしたり、物を投げたり、もしくは宿泊者に危害を加えたりしたら大変なことになる。それをこの街の住人は知っているから、絶対安全だよ。だけど、一度だけ車がホテルの入り口から突っ込んできたことがあった。それはマフィア同士のいざこざが原因だったらしい」彼は、だから安心しろよという風に、僕の肩を手で叩いた。

『鳳凰』の窓際の席に座って、外を眺めていると、この街に起きているいろいろなことが手にとるようにわかった。まるで映画を観ているような気分だった。

ある日のストーリーはこんなふうだ。道の反対側に十人くらいの不良グループがいる。

彼らはみんな男子でおそらく十五、六の歳だろう。そして道のこちら側には、女の子の不良グループがいる。歳は同じくらい。全員黒人だ。どうやら女の子の一人が、反対側にいる男子の一人に恋をしているらしく、女の子同士でどうやって気を引いたらいいかと、キャアキャア言いながら騒いでいる。その様子を見ている男子の群れは、なんとなくその様子に気がつき、皆自分が好かれているかのように、まるでモデルのように格好つけて立ち方を変えたり、煙草を吸ってみたり、筋肉を隆起させてみたり、中にはナイフを手にしてみたりと自意識を過剰にしている。

一方の女の子を見ると、今度はタンクトップの肩を下ろしてみたり、ダボダボのジーンズからおへそとショーツを見せてみたり、胸元を開けてみたりと、まるでストリップダンサーが客を誘う仕草のようだ。どちらもまだ若いのにどこで覚えたのか相手をさかんに誘惑している。

一人の男子が群れから離れ、女の子たちに近づいてきた。すると、女の子の一人が、男子に向かって、あなたじゃないわ、あの人を呼んできてと言った。男子は俺じゃないのかよとすごすごと戻り、ご指名の男子に耳打ちした。呼ばれた男子は照れ臭そうにしながらも女子にゆっくりと近づいていって、さてどうするかと見ていると、歩きながら着ていたシャツを脱ぎ、穿いていたジーンズも脱いで、ブリーフ一枚になって、女の子の前に立った。女の子は目を丸くして驚いたが、すぐに視線をその男の子に向け、指でその褐色のからだをなぞって、キスを求めるようにしてあごを上げ、目をつむった。道の真ん中で二人が抱きあい、激しくキスをしあうのを周りはやんやの喝采ではやし立てた。そして、二人は互いの腰を抱きながら、どこか二人きりになれるところへと消えていった。

こんなショートストーリーが毎日のように目の前で味わえるのだから、『鳳凰』に、毎日夕食を食べに行かないわけにはいかない。

そして、ある日、こんな大事件を目撃することになった。

テンダーロインのホテル（第三話）

サンフランシスコの悪名高い街角、テンダーロインにある『Bホテル』では、朝の八時になると、朝食用のドーナツが、段ボールに入って一階のロビーにデリバリーされる。その時間になると、待ってたとばかりにほとんどの宿泊客は寝巻きのままロビーに集まってくる。段ボール箱からドーナツをひとつ取り、ポットのコーヒーを紙コップに注ぎ、古ぼけたソファに身体を沈めて、この名物ともいえる『Bホテル』の朝食を嬉しそうに味わう。寝巻きに裸足。おはようと互いに声をかけあい、新聞を読んだり、ぼうっとしたり、宿泊客は思い思いにリラックスしながら朝を過ごす。

そんな朝食時に必ず顔を合わせて、おしゃべりを楽しむ中国人の青年がいた。彼の名はチャンといった。チャンは四カ月も『Bホテル』に泊まっていると言った。ピアノが好きで、夕方になるとロビーに置いてあるアンティークのピアノを弾いている姿をよく見かけた。何度か夕食をホテルの隣のチャイニーズレストラン『鳳凰』で一緒にしたこともあった。何かあれば親身になってくれる、とても親切な明るい青年だった。なぜサンフランシスコに来たのかと訊いたことがあったが、肩をすくめるだけで答えることはなかった。

ある日、朝食の時間にロビーに降りると、いつもと違った重々しい雰囲気が眩しい朝陽の中に漂っていた。ソファには、このホテルのオーナーであるイタリアンマフィアのボスが神妙な顔つきで座り、その周りにはいかにもギャングの風貌の男たちが五人座っていた。誰一人口をきくものはなく、宿泊客は、ドーナツとコーヒーを手に持って、おのおの部屋へと戻っていった。いつも顔を合わせるチャンの姿もなかった。そういえば、ここ数日、僕は彼を見かけることがなかった。

夕食の時間になり『鳳凰』で、いつもの半チャーハンとワンタンスープを頼むと、シェフが僕にこう訊いた。「昨日のこと知ってるか?」「なんのことですか?」「チャンのことだ」「チャンがどうかしたの？」「彼は死んだよ。殺されたんだ」「え？　殺された？　なんで？」「今から言うことは秘密だぞ。いいな。実をいうとチャンはチャイニーズマフィアの一員だった。彼らはイタリアンマフィアと抗争を続けていて、どうやら、チャンは『Bホテル』のオーナーへの刺客だったらしい。それがバレて捕まり、始末されたらしい」「そんなばかな……」チャンがチャイニーズマフィアであること。刺客としてホテルに泊まっていたこと。どれひとつ僕には信じられる話ではなかった。そして、そんな映画の一シーンのような話が、自分が泊まっているホテルで起きるなんて。僕はショックで呆然《ぼうぜん》とするしかなかった。

次の日、チャンがあの笑顔を見せて、ひょいと現れるような気がしながら、朝食のドーナツを取りにロビーに降りると、オーナーは一人でジュークボックスのガラスに両手を置いて、曲を選んでいるかのようにじっと立っていた。そして、ポケットの中から小銭を出し、コインをジュークボックスに入れ、曲名を選ぶボタンを指で強く押して、ため息を大きくついた。かかった曲はイタリアのカンツォーネだった。僕がドーナツとコーヒーを手に持ってロビーの隅のソファに座っていると、オーナーはゆっくりと振り返り、僕のことをじっと見つめたと思うと、にっこりと笑い、おはようと小さな声でつぶやき、カンツォーネの曲に合わせながら身体を揺らして僕の方へ歩いてきた。

オーナーが実はイタリアンマフィアのボスであること、そして、昨日聞いたチャンのことがあるから、僕は足がすくんでしまっていた。オーナーは僕の目の前に来て、「横に座ってもいいいか」と言った。「どうぞ」と答えると、「今日は本当にいい天気だ」とオーナーは言った。「君は日本から来たんだね。今頃、日本はどんな気候だい？」「夏です。サンフランシスコより蒸し暑いです」「そうか。君はチャンと仲が良かったらしいけれど、このホテルで知り合ったのかい？」「え？　はい、そうです。ここで毎日食べる朝食の時間に会いました。彼はもうホテルにはいないのですか？」僕は考えもせず、思わずこう訊いた。すると、オーナーは「ああ、チャンはもういないよ。彼はおととい故郷に帰ったよ。旅人は皆いつかどこかに帰るんだ……」オーナーは次々と出勤してくる掃除係のおばさんたちに手を挙げて挨拶をしながら、答えた。「チャンは死んだのですか？」僕はオーナーに訊きたかったが、まさかそんな勇気はなかった。

その日の夜、ロビーには埋め尽くさんばかりの花が飾られていた。あたかもチャンを弔うようにしてロビーは花で満ちていた。「この花はどうしたの？」と、フロントのウエンに訊くと「今朝、オーナーが持ってきて飾っていったんだ」と言った。

テンダーロインの『Bホテル』では、今でも毎朝ドーナツが宿泊客に配られ、オーナーはジュークボックスに音楽をかけに現れている。

パリ、セーヌ河で釣りを

パリは、セーヌ河に浮かぶシテ島の漁師の集落から始まったと教えてくれたのは、カルチェ・ラタンのカフェで知り合った栗毛のパリジェンヌだった。

秋になると、パリに出かけたくなるのは毎年のことで、パリに行く目的はあるのかというと別段なく、ただひたすらぼんやりしながら街を散歩したいだけのこと。セーヌ河の河岸を歩くのがことさら好きである。

四年前、クロード・モネの「ボワッシー、セーヌ河で釣りをする漁師」という絵をウィーン美術史美術館で見た。小さな木舟に腰かけて、のんびりと釣り糸を垂らす数人の漁師が、河岸に近い一ヶ所に集まっている。絵が描かれたのは一八八二年。当時のセーヌ河は漁場として栄えていたのだろう。一九〇〇年のパリ・オリンピックには釣りが正式種目としてあった。六カ国六百人の選手がセーヌ河で釣りを競ったという。一時間でもっとも大きな魚を釣った選手が金メダルを得た。

そんなセーヌ河の昔を想いながら歩いていて出合ったのが、サン・ルイ島の釣具店『La Maison de la Mouche』だ。ショーウインドウを覗くと、竿《さお》や魚籠《びく》、釣り用の上着や道具入れなどが無造作に置かれている。埃《ほこり》がたっぷりとかぶった様子からすると何年も人に触られていないのだろう。少しばかり古ぼけたその店のドアを押して中に入ると、そこがフライフィッシング専門店だとわかった。店内には毛針が博物館のように整然と並べられていたからだ。店の奥から年老いた店主が「ボンジュール、ムッシュー」と小さな声で言った。店主のやわらかくやさしい表情は、好きなだけ自由に見ていていいよと言わんばかりだった。店の壁には、五十年ほど前のセーヌ河で釣りをしているニッカボッカを穿いた人たちの写真が飾られていた。「昔は釣りが出来たんですね」「そうだよ。昔、セーヌ河は釣り人の聖地だったんだ」店主は僕と一緒になって壁の写真を懐かしむように見つめて言った。僕はミツバチを模した、宝石のように美しい毛針をひとつ買い求めた。「日曜日に釣りの集まりがあるから来るといい。一緒にセーヌで釣りをしましょう」帰り際、店で主宰する催しに僕を誘ってくれた。「はい、わかりました。ぜひ」と答えたが、次の日、僕は日本に帰国した。パリには心が残った。

それから一年後。同じ秋の頃に『La Maison de la Mouche』を訪れた。看板といった外装はそのままだったが、驚くことに店内はこぎれいになっていた。中に入ると、真面目そうな三十代くらいの男性が「ボンジュール、ムッシュー」と声をかけてきた。「お店が変りましたね。おじいさんの店主はお元気ですか？」そう訊くと、「デュボスさんは引退したんです。今は僕がこの店をそのまま買取って、経営を引き継いだんです」

彼はこう答えた。話を聞いてみると、この店の一代目であるデュボスさんは、高齢のため身体がきつくなって店を閉めようとした。しかし、セーヌ河に近いこの場所に、昔からある唯一の釣具店が無くなることは、パリの釣り愛好者にとって悲しいこと。そこでこの店の常連の一人だった青年は奥さんに相談をして、勤めていた会社を辞め、資金をあつめて、デュボスさんからこの店を買取った。その金額は驚くくらいに安かったらしい。しかし買取るにはふたつの条件があった。店の外装を変えないこと。時折、催していた釣りの集まりは続けること。その約束を結んで、彼はこの釣具店の二代目となった。「今、デュボスさんはどうしていますか？」「彼は今、南仏でのんびりと暮らしていて、存分に釣りを楽しみながら、時たま、ほらそこにある魚籠を手で編んでは、売り物として送ってくれるんですよ」

見ると、カゴ編みした魚籠があった。「これはデュボスさんの完全な手作りです」店主は手にとって見せてくれた。それはリネン生地のしっかりとしたショルダーストラップと木製の蓋がついたもので、見事な工芸品としての美しさを放っていた。「デュボスさんは今、釣りをしながら、これを作っているんだ……」なんだか嬉しくなった僕は、考える間もなく「これ買っていいですか？」と言葉にしていた。あたたかい気持ちに包まれて店を去ろうとした時、「週末に釣りの催しがありますので、ぜひお越しになってください。もし道具がなかったら、すべてお貸ししますよ」店主は一年前のデュボスさんと同じように僕を誘ってくれた。「はい、ぜひ来ます」僕は笑顔で答えた。

その旅中、僕は毎日、デュボスさんが手編みした魚籠を肩にかけて、パリを歩き回った。そして、はじめてセーヌ河で釣りを楽しんだ。魚は一匹も釣れなかったが、そのひとときはとびきり仕合せだった。

「真の釣り師は、誰でもその地をはじめて訪れた人には、惜しみなくその知恵を経験を教え、喜んで水辺に案内する」イギリスのウォルター・M・ガリチャンが、著書『幸せな釣り人』に書いた言葉は本当だった。

草むらに残ったビスケットのかけら

イギリスには「ブリック・ア・ブラック」という言葉がある。それはアンティークとはいえない古いモノ。五十年くらい前までのガラクタとでもいおうか。だから、のみの市で探しているモノは何かと訊かれたら「ブリック・ア・ブラック」と答え、僕の場合、陶器やおもちゃとつけ加える。すると、人はにやりとし、どこそこへ行けばいいと教えてくれる。ちなみに、ポスターやちらし、地図や新聞、雑誌といった古い印刷物については「エフェメラ」と呼ぶ。「エフェメラ」とは、「かげろう」のことで、はかなく消えていくものという意味でそう呼ばれるようになったという。

ある日、ロンドンから北へ二百キロ先にある、イースト・オブ・イングランドで開かれる「ピーターボロウ・アンティークフェア」へ行った。ブリックレーンにある小さな古道具屋のお兄さんが、とてもいいものがたくさんあると教えてくれたのだ。僕が探している、五〇年代の「プール」や「キース・マーレイ」の器がわんさと見つかるらしい。そう聞けば行かずにはいられない。

その日を待って、朝早くレンタカーを走らせた。市内から郊外へ出るまで、ひとつも迷うことなく、M1という高速道路を走り抜けて、ピーターボロウには二時間たらずで到着した。

早く着きすぎて、まだ会場に入れなかった僕は、サーモン・ベーグルとあたたかいミルクティーを屋台で買い、「行きはよいよい」とつぶやいた。空にはこの催しのサインが入ったアドバルーンがいくつも浮かんでいた。車を走らせて訪れる人は皆このアドバルーンを目指してやってくるのだろう。青い空に浮かぶ、黄色や赤のアドバルーンは、まるで絵本の世界の風景のようで僕の目を楽しませた。

会場の広さをどうやって伝えればいいのだろう。端から端まで細かく見て歩いたとして、優に二日はかかると言えばよいだろうか。とにかくどこまでも広大だ。そんな敷地というか草原に、何百という業者が車でやってきて、自分の区画に売り物を広げる。草むらにそのまま無造作に置いたり、きちんとテントを張ってお店を作ったりと皆様々だ。中には車の荷台から売り物を降ろさずに勝手に見てくれという横着者もいる。それはそれで個性があって面白い。客も業者もいたってのどかな田舎のアンティークフェアである。

　そんな会場で僕の目を惹《ひ》きつけた店がひとつあった。いや、店というか女性だ。二十代後半くらいの歳だろうか、栗毛の髪を三つ編みにして、べっこうの丸い眼鏡をかけ、ギンガムチェックのワンピースに、そでに穴の開いたレモン色のカシミヤのカーディガンをはおっていた。彼女はおよそ五メートル四方の区画の真ん中に、ぽつんと花瓶を置き、その後ろにナプキンを敷き、ちょこんと横座りしていた。そして時折ポケットに忍ばせているビスケットをかじった。

　僕は近くに寄って訊いた。「これ見てもいいですか?」すると彼女は小さく微笑んで「ええ、どうぞ」と答えた。「始まったばかりなのに、もう売り物がひとつしか残ってないのですか?　すごいですね」と言うと、「いいえ、最初からひとつです。わたしの売り物はこの花瓶だけです」彼女はそう照れ臭そうに答えた。

　その大きな花瓶は僕の好きな「プール」のものだった。手描きの細い線が巧みに模様を作った素晴らしい出来だった。「あなた『プール』が好き?　これはアルフレッド・リードとアン・リードの親子が描いたデザインの希少な花瓶よ」彼女は遠くの森を見つめながら言った。「ちなみに、いくらですか？」僕はきっと高いだろうと思いながら訊いた。「二千ポンド。それでも安いわ」そう答えた彼女は、眼鏡を外して、ワンピースの裾でレンズを拭いた。眼鏡を外した彼女の凜《りん》とした美しさに僕は一瞬どきりとした。気になったから少し話を聞いてみた。彼女は旅先で見つけたこの花瓶を売ってスコットランドへ旅に出るという。そしてまた旅先で掘り出し物を見つけてはアンティーク市で売り、それを資金にして旅を続けるのだという。そんな彼女の旅は二年も続いている。

せっかく早く来たのだから、少し他を見て来ようと出かけた僕は、半時間経ってから、ミルクティーをふたつ買って彼女のもとへ戻った。すると、そこにはもう誰も居ず、彼女が座っていたおしりの部分の草だけが丸く跡になっていた。そしてビスケットのかけらがひとつ草むらに落ちていた。まだどこかにいるのかもしれないと思った僕は、周りをぐるりと見渡してみたが、彼女の姿はどこにもなかった。自然と、ふうとため息が出た。

彼女の名前を訊いておけばという気持ちだけが強く残った。

バークレーの『セレンディピティ・ブックス』（前編）

旅先の中では、サンフランシスコのバークレーが一番好きだ。

それがなぜかと考えると、たくさんの人の顔が頭に浮かんでくる。バークレーが好きなのはそこに暮らす人たちが好きなのだ。バークレーへ旅するのは大好きな人たちに会いたくなるからだ。

ダウンタウン・バークレー駅のエスカレーターを上がって、目抜き通りのシャタック通りに出る。駅前の広場にはディパックを背負った学生たちが集まっている。足元に犬を座らせて路上でバンジョーを弾いている青年がいる。道の反対側ではアメリカのイラク攻撃に反対する人たちが署名活動をしている。いつもとひとつも変らない朝の光景。ぷうんとコーヒーの香りが鼻をつく。僕は通りを東へ歩いて、定宿にしている『シャタック・プラザ・ホテル』へ向かう。バークレーの歴史的建造物としても知られる古いホテルだ。早朝に着いたにもかかわらず、マネージャーのサムはいつもの部屋にチェックインをさせてくれた。軽くハグして礼を伝える。サムはいい人だ。

六階の道路に面したいつもの角部屋。カーテンを開けて窓を上げる。UCバークレー校のある緑豊かな山あいが目前に広がっている。冬の青い空に乾いたそよ風が心地よい。僕は荷物を解き、シャワーを浴び、着替えを済ませて出かける用意をする。バークレーに着いたら、いちはやく訪れたい場所があるのだ。

　バークレーには、伝説の古書店『セレンディピティ・ブックス』がある。もう十年も前だろうか、僕はサンフランシスコ中の本屋をまわって一冊の本を探していた。その本はリチャード・ブローティガンの『アメリカの鱒釣《ますつ》り』初版本だ。物書きとしてお世話になった恩人が大好きな本と知ったので、ぜひプレゼントしたいと思った。ブローティガンを探すならサンフランシスコしかないだろうと思った。

　サンフランシスコは本屋の街としても知られている。とはいえ、ブローティガンも暮らしていた縁《ゆかり》のあるその街で、足が棒になるほど歩いて探しても見つからないから、僕は途方に暮れてしまった。そんな時、『アップル・ブックス』のスタッフであるロバートが「バークレーの『セレンディピティ・ブックス』にあるんじゃないか？」と言った。「『セレンディピティ・ブックス』ってどこ？　教えて」と訊くと、ノートの切れ端に地図を描いてくれた。その足で僕はバークレーへと向かった。冷たい雨の降る午後だった。

　ロバートの地図を見ると、ダウンタウン・バークレー駅からシャタック通りを北へ二分、ユニバーシティ通りを左に曲がって、五分まっすぐ歩けば、通りの北側に、お酒の樽《たる》が看板になった本屋がある。そこが『セレンディピティ・ブックス』とあった。僕は地図を片手にてくてくと歩いた。ユニバーシティ通りは、町から離れた閑静な住宅街を横切る大通りで、路面にはさびれた雑貨屋やモーテル、メキシコレストランなどが点々とあった。歩くには気持ちよい通りだ。しかし、いくら歩いてもお酒の樽には出合わなかった。ほんとにあるかなと心細くなった頃、壁一面がアイビーの蔓《つる》でおおわれた平屋の古い建物に出くわした。そこにはたしかにお酒の樽の看板に『セレンディピティ・ブックス』と書かれていた。

「ここか……」建物は大きいがドアはひとつしかなく、古ぼけた木でできたドアをカランコロンという音とともに開けると、中はだだっぴろい古書店だった。そこは店というよりも、まさに倉庫のようで、どこもかしこも床から天井まで所狭しと本が積み上げられていた。「こんにちは。すみませーん」と声をかけても誰からも返事はない。中へ入って、様子をうかがっていると、積み上がった本の隙間からにょきっと顔を出した女性がいた。

「いらっしゃいませ、こんにちは」彼女はフフフと笑った。女性は背が低く五十歳くらい。なぜかとても短いスカートをはいていた。「何かお探しでも？」「あ、はい、ブローティガンの『アメリカの鱒釣り』の初版を……」「あらそう、あなたビートニクが好きなのね？」「ええ、まあ、いろいろと読んでいます」「こっちに来て」ナンシーと名乗った女性は、本の柱を倒さないように器用に店の奥へと進んでいった。僕も必死で後を追った。ナンシーは森を歩くネイティブ・アメリカンのようにすばしこかった。

「ここにあるわよ」ナンシーが指さすところを見ると、高さ三メートルで横二メートルくらいの本棚の中身が、すべてブローティガンの本で埋まっていた。「どうぞごゆっくり……」ナンシーはウインクして僕を残して店のどこかに消えていった。『アメリカの鱒釣り』の初版はあるのか？　本棚に近づいて見た。すると、探していた初版だけが十何冊もまとめて並んでいた。「なんてすごい店なんだ……」僕は驚きと感動で呆然となった。

バークレーの『セレンディピティ・ブックス』（後編）

ノース・バークレーにある古書店『セレンディピティ・ブックス』のパーキングに車を停めようとする者が必ず目にするものがある。それはパーキングの隅の壁にスプレーでなぐり書きされた「ここに駐車できるのは赤いポルシェのみ」という言葉。そして、その言葉の通り赤いポルシェが駐車枠の中にきちんと鎮座している。ポルシェに近づいてみた。六〇年代のおんぼろで、車内には新聞やらコーヒーカップやらが散らかっていて、申し訳程度に付いている後ろのシートにはたくさんの本が無造作に置かれていた。

この車が『セレンディピティ・ブックス』の店主であるピーターさんのものであることは後になって僕は知った。

「私は毎日あそこに車を置きたいんだ。それなのに客が勝手に置いてしまうことがある。だから、ここは私の赤いポルシェのみと書いたんだ」ピーターさんはハリスツイードのハンチング帽のつばを指で上げて、それがどうかしたかと言わんばかりに平然と答えた。

八年も前になるが、ブローティガンの『アメリカの鱒釣り』の初版本をサンフランシスコ中を探し歩いて、行き着いた店が『セレンディピティ・ブックス』だった。遠路はるばる、迷いながらやっと着いて、店番のナンシーに在庫の有無をたずね、こっちへ来て、と広い店内を案内されたら、なんとブローティガン専用の大きな棚があり、そこには探しあぐねた初版本がずらりと並んでいて僕を驚かせた。「テイク・ユア・タイム……」ナンシーはこう言って、本の森ともいえる店のどこかに消えて行った。

僕は棚に収められた『アメリカの鱒釣り』の初版本を手にし値段を確かめた。六十ドル……。良心的な値段だ。新刊のようにきれいな一冊には九十ドルの値段がついていた。僕は六十ドルの『アメリカの鱒釣り』の初版本を小脇に抱えて、ため息をついた。希少な本もあるところにはあるんだなと思った。

少し落ち着きを取り戻すとコーヒーのいい香りに気がついた。通路はほんとうに狭い。大人が一人歩けるかどうかぎりぎりだ。そしてそこら中に本が高く積まれているから、それを倒さないように歩くのに苦労をした。僕は店内の探検をした。コーヒーの香りの元はすぐにわかった。お客用にコーヒーが置かれたテーブルがあった。そこにはコーヒー、紅茶のパック、バナナ、手作りクッキー、そしてキャンディが、それぞれの箱に入って、サービスされていた。小さな紙に「どうぞご自由に」と書かれていた。それを見た僕は思わず微笑んだ。さりげない気配りに感心したのだ。大きな声で「すみませーん」と言ってみた。するとちょっと間があいてから「どこにいる？」男の声がした。「テーブルの前です」「今行く」男は答えた。

のっしのっしと森を歩くきこりのような大きな風体の男があらわれた。「ピーターだ」そう言って大きな手を僕に差し出した。僕はこの時、はじめてピーターさんと出会った。「で、なんだ？」「ジャック・ケルアックの棚はどこですか？」ピーターさんは、ふうんと僕を見下ろし、ついて来いと目配せして前を歩いた。その足取りはブローティガンの棚を案内してくれたナンシーよりも早かった。

「ここだ、ゆっくり見ていけ」ピーターさんはこう言ってから「お前、ブローティガンの『アメリカの鱒釣り』を買うのか？　それをちょっと見せてみろ」と言った。僕が脇にはさんだ本を渡すと「日本から来たのか？」と訊いた。自分が日本で古書店をやっていること、昔サンフランシスコに暮らしていたこと、このお店に来られて嬉しいということを僕はたどたどしく答えた。「ちょっと待ってろ」ピーターさんは僕が渡した本を持ったまま、どこかに消えていった。そしてすぐに戻ってきて、「せっかくだからこれを買っていけ」と、別の『アメリカの鱒釣り』を僕に渡した。さっきの本となんら変らないので、きょとんとしていたら、大きな手でその本のページをぱらぱらとめくってくれた。「ここにブローティガンの絵がある」そう言ってウインクした。その絵は山高帽に眼鏡をかけ、ヒゲを生やしたブローティガンの肖像がボールペンで落書きされたものだった。「本人の自筆だ」ピーターさんは言った。これを買えと言われても……と思い、値段を見ると、七百ドルと書かれていた。それを見て買うのは無理と目で訴えると、本をさっと手に取り、シャツのポケットから抜いた鉛筆で、七百ドルに線を引き、六十ドルと書き直した。僕が呆然としていると「ケルアックの棚を楽しんでいけ」と言って、またどこかに消えていった。

声をかけると「いま行く」と言ってやってきて、探す本の場所に案内し、ここにはこんな花が咲いているぞと一言残して去っていく。こんなおとぎ話に出てくるような古書店に僕ははじめて出合った。店主の名はピーターさん。僕はこの日から何年もかけて、この店が世界一（後になって知ったのだが）である秘密と、ピーターさんの素性を少しずつ知ることになった。それはあてもなく長い旅であり、希有な物語となって今も続いている。

ヨーヨーの誘拐事件

旅の途中、プロヴァンスのアルルに暮らす友人のフラットに泊まっていた。友人は地元の新聞社に勤務していた。ある日のこと、僕の写真好きを知って、知友の写真家デヴィッド・ダグラス・ダンカン氏を、人の集まる晩餐《ばんさん》の席で紹介してくれた。

氏は、雑誌『ライフ』の専属写真家として、第二次世界大戦、朝鮮戦争、ベトナム戦争を取材し、数々の名作を発表。ピカソの日常を切り撮った写真集『グッドバイ・ピカソ』の写真家としても有名だ。友人いわくデヴィッドさんは、現在、奥さんのシーラさんとアルルに暮らしていて、いたって日本びいきなので、新しい日本人の友人を喜んで迎えてくれるという。

緊張の面持ちで挨拶をすると、デヴィッドさんは自分の孫のような年齢の僕を、それこそ孫を抱くようなやさしさでハグしてくれた。僕の名前もすぐに覚えてくれた。

その日、デヴィッドさんはシーラさんと共に、ヨーヨーという名のヨークシャーテリアの子犬を抱いて、晩餐を楽しんでいた。僕の指を甘噛《あまが》みするヨーヨーの無邪気な可愛さといったらなかった。ヨーヨーは晩餐を囲んだ客一人ひとりに頭をなでてもらいたくて、駆け回って挨拶をしてまわっていた。ヨーヨーは長年一緒に暮らしていたジャーマンシェパードのトールという名の愛犬が亡くなってしまい、その悲しみに暮れていたシーラさんに、デヴィッドさんがプレゼントしたものだった。トールを撮った写真をまとめた『トール』という写真集もある。

デヴィッドさんと出会った日から一週間ほど経ったある日、仕事を終えた友人が真っ青な顔をして帰ってきた。何かあったのか、と訊くと、友人はソファに腰を下ろして、ふうとため息をついてから話し始めた。

「信じられないような話だけど……」そう言ったあとに「デヴィッドさんのヨーヨーが誘拐された……」と言った。シーラさんがヨーヨーと一緒に車で買い物に出かけて、ヨーヨーを車に残して、外でちょっとだけ用事を済ませている間に、車泥棒に遭ったという。車とヨーヨーが一緒に盗まれたのだ。デヴィッドさんとシーラさんはあまりの悲しみに打ちひしがれていると言った。それを聞いた僕は何も手助けできないことに悲しみ、ヨーヨーの無事を友人と共に祈るしかなかった。

数日後、プロヴァンス新聞に、デヴィッドさんは「私の愛犬、ヨーヨーを探してくれた方に一万フランの謝礼を払います」という記事を大きく載せた。車は盗まれた翌日にハンドルだけが壊されて発見された。今やヨーヨーの行方だけが不明だった。デヴィッドさんを慕う人が多いアルルの町のいたるところに、新聞記事のコピーが貼りめぐらされた。ピカソを撮ったことで有名なデヴィッドさんは、プロヴァンスのジプシーたちにも愛され、女長老もその捜索に協力した。

旅の途中の僕にアルルを出発する日が近づいてきた。誘拐事件から二週間。僕は静かに町を発った。その後、マルセイユ、ニース、マドリッドと旅は続いたが、一時もヨーヨーの無事を祈らない日はなかった。それから一カ月が経ち、電話でその後の経過を友人に訊くと、テレビやラジオ、町中の貼り紙を増やして、ヨーヨーの捜索は続けているが、未《いま》だに見つからないと答えた。デヴィッドさんとシーラさんだけでなく、町中の誰もが希望を失い、悲しみに暮れた日々を送っているのが、その声の調子からわかった。

アルルからマルセイユ、ニースと廻り、日本に帰ると一通の手紙が届いていた。差出人はアルルの友人だった。すぐに封を開けて読んだ。なんと、僕が電話したすぐ後に、ヨーヨーを誘拐した犯人からデヴィッドさんに連絡があり、警察に知らせずに、高額な身代金を払う条件で、ヨーヨーを返すと言ってきた。そしてデヴィッドさんは、およそ二カ月間、離ればなれだったヨーヨーをわが家に連れ戻すことに成功したという。今、そのことで町中が祝福していると書いてあった。僕も手紙を片手に万歳をして心から喜んだ。

すぐにデヴィッドさんと奥さんに手紙を書いた。そして、ヨーヨーにも「お帰り！」と便箋の真ん中に大きな字で書いた。

それから一年後、僕の手元に一冊の写真集が、デヴィッド氏から届いた。タイトルは『ヨーヨーのプロヴァンス誘拐事件』。デヴィッドさんは、この誘拐事件のすべてを写真に記録していた。そして、その写真に自筆でキャプションとストーリーを加え、まるで日記のように一冊にまとめたのだった。

愛機ライカで撮った写真集には、僕が旅立った後の、事件の経過が詳細に残されていた。最後のページでヨーヨーと一緒に写るシーラさんの写真を見たら涙が止まらなくて困った。それを撮る、八十歳を迎えたばかりのデヴィッドさんの涙も写真に写っていたからだ。

ここはあそこかどこなのか

目前に大きな川が広がっていた。

立ち尽くして対岸に目を凝らすが、遠すぎるせいか、見えるのはうっすらと淡い層になった森のような風景だけだった。水の色は日の光を浴びて青く輝いていた。熱帯魚が泳いでいてもおかしくない南国の海のきれいさだなと思った。ときおり、蛇のように長いからだをくねらせて魚が泳いでいった。まわりを見渡したわけでもないが、後ろから人が次々とやってくるのがわかった。人は皆この川を渡ろうと橋にやってきた。僕は橋の入り口に立っていた。橋には古びた門のようなものがあり、この川を渡る人はここをくぐって先を行く。

門には門番がいた。僕はこの川の名前を訊《たず》ねようと門番に近づいた。すると、門番は僕が声をかける前に、急に怒り出し、僕を両手ではねのけた。その拍子に地面に転ぶと、後ろから歩いてきた男に背中を強く蹴飛ばされ、邪魔だと怒鳴られた。気がつくと、たくさんの人がこの川を渡ろうと橋を急いでいた。みんな大きな荷物を抱えて、脇目もふらずに我先にと歩いていた。なぜみんなこんなに急いでいるのだろうと目をぱちくりさせて不思議がっていると、誰かが僕の手を取って引っ張った。「早く行こうよ」僕の手を握る手はあたたかくてやわらかかった。手の先を見ると、おかっぱ頭の美しい女性だった。女性は僕の目を見て口の脇を上げてにやりと笑ってから、僕の手を強く握って歩き出した。

そのまま何歩か歩いて、橋の上から景色を見ると、対岸に村があった。そこにはいくつか社《やしろ》が建っていて、人が集まり、どうやらお祭りが行われているようだった。笛や太鼓の音もかすかに聞こえてきた。そうかお祭りに行くためにみんな急いでいるのかと僕は納得した。それなら僕も急ごうと足を早めた。おかっぱ頭の女性はすでに消えていた。

ぐずぐずしている僕を置いて、先に行ったのだと思った。手を握りあって歩いていたとき女性は時折、僕の手を口元に持っていき、べろべろと棒付きアメのように舐《な》めていた。僕が驚いて見ると「いいじゃない」と言って気味悪く舐め続けた。だから、女性がいなくなったとわかったとき、ああよかったと思った。僕の手は女性の唾液で濡れていた。

地図くらいは持ってくればよかったな。僕は今、旅の途中であるけれど、ひとつも荷物は持っていなかった。旅の荷物は、あらゆることの荷物になるからいらないというのが僕の流儀だった。豪華で贅沢《ぜいたく》な旅をするわけでもなし、ただ行きたいところへ、自分の好きな方法で行き、そこで必要なものがあれば、工夫をしてみれば大抵のことは事が足りるからだ。本当に困った時は人に助けてもらえばいい。今までの旅で僕はたくさんの人と出会い、たくさんの人に助けられ自分も助けてきた。人がいない場所で困った時、まわりを見回すと豊かな自然があり、動物がいた。それはなんらかのかたちで僕を助ける働きをしてくれた。優しさの交歓は旅の真骨頂であると思っていた。

しかし、今、自分がどこにいるのか。それがわからないと不安になってしまう。自分の位置さえわかっていれば、何があろうと心配ないが、それを見失ってしまうと行くにも行けず、戻るにも戻れず、旅は冒険といえど、途端に中絶してしまう。

僕は空を見た。地面を見た。遠い先を見た。どこを見ても今、自分が居る場所がひとつもわからなくて泣きたくなった。

僕は考えた。今までどのようにしてこの長い旅をしてきたのかと。いつ、どこに向かって、どこから出発をして、どのような順路で、どれだけの時間をかけて歩き、どんな風にして、ここまでたどり着いたのかと。そして、誰に会い、どんなことをし、どんなことをされてきたのか。その旅で、何に笑い、何に怒り、何に悲しみ、何に喜んできたのか。僕は心の中でもうひとつの旅をするように、どんな小さなことでも思い出そうと、一歩ずつ回想を続けた。

ふと我に返った。僕は橋の途中で立ち止まっていた。さっきまであんなにたくさん橋を歩いていた人は消え、前を見ても後ろを見ても、僕以外に誰もいなかった。

ため息をつき、僕が途方に暮れていると、青い羽の鳥がどこかからやってきて橋の欄干に留まった。かわいらしいなあと見とれていると、鳥が留まっているそのすぐ隣に、案内板のようなものがあった。近づいてみると、それは大きな地図だった。そこは自分がまったく知らない外国の土地であり、地図の真ん中あたりに赤い字で書かれた言葉だけが読めた。「YOU ARE HERE」僕は自分が今いる場所がわかった。それと同時に、目の前の電気がパチッと点いて、急に明るくなった感覚を覚えた。すると、力が抜けるように意識がふっと遠のき、僕は気を失ってしまった。

目が覚めると、僕は旅先であるバークレーのホテルのベッドに横たわっていた。傍らには恋人がすやすやと眠っていた。まぶしい朝だった。

II

バークレーからニューヨークへ

二十五歳の時、僕はニューヨークの路上から本屋をはじめた。そのきっかけになった出来事を書きたい。

十九歳から二十四歳にかけて僕は、サンフランシスコやロサンゼルスといったアメリカ西海岸の町々を好んで訪れては、その土地で知り合った長期旅行者やアーティスト志望の若者、ミュージシャンなどと一緒に暮らす日々を送っていた。ビザを持たないので三カ月のアメリカ滞在期限が近づくと、ぎりぎりで帰国し、日本で半年ほど、運送会社や引越し屋といった短期高収入のアルバイトに精を出し、それで貯めたお金を持ってアメリカへ渡るのを繰り返した。

のんびりしていて楽観的な西海岸の生活は自分には合っていた。最初の頃、寝泊まりは数週間ごとに、あの家この家と数人の仲間たちと移り住んだ。友人宅の裏庭にテントを張らせてもらったり、誰かが乗っていたキャンピングカーに二カ月泊まったこともあった。

一九九一年になって僕はサンフランシスコのバークレーで、アメリカン・チャイニーズの恋人と生活を共にしていた。僕は二十四歳。カレンという名の彼女は二十一歳。絵描きの卵だった。二人でカレンの伯母さんの家に居候をさせてもらっていた。

「ねえ、昨日、オークランドのウエスタンショップでリーバイスを見つけたよ。ほら、前におっきなスリフトショップに行ったじゃん。あそこの近く。閉店セールをやってんのよ。行ってみない？」

ある日、カレンが耳元でささやいた。

「どんなリーバイスだった？　まさか古いやつってことはないよね……」

「わたしはわからないけど……、埃をかぶったのがたくさんあったわ……」

リーバイスの古いやつというのは、当時の日本で流行《はや》っていた五〇年代製のビンテージ・ジーンズのことだ。デッドストックで品番が「５０１」であれば、一本数十万円で売られていた。一九九一年当時、その値段は高騰するばかりだった。僕らはちょっとした小遣い稼ぎにと、暇さえあれば寂れたワークウェア屋やウエスタンショップを覗いては、店主に売れ残りのリーバイスは無いかと訊いて歩いた。もしそれが倉庫に一本でも眠っていたとすれば一攫千金《いっかくせんきん》だった。「５０１」のビンテージを原宿の古着屋に送れば、一本二万円から五万円で買取ってくれた。もし買う資金が無くてもコレクトコールで古着屋に電話すれば、すぐに送金をしてくれた。見つけたらできるだけ安く買い叩くのがコツだった。売れ残り品であるから売れて無くなれば店主も喜ぶ。あれもあるこれもあると次々と売れ残りを倉庫から持ってきては買ってくれと言ってくる。リーバイス以外のブランド（ラングラーやリー）でも五〇年代製なら大概はお金になった。

リーバイスを見つけたというウエスタンショップを半信半疑で見に行った。オークランドはバークレーの隣町だ。バスで二十分もかからない。

閉店セールは最終日だった。店に入るなり、カレンは僕の手を引いて薄暗い納戸のような場所へと連れていった。店の中には安物のウエスタンブーツやウエスタンハット、ワークシャツなどをゴミのように突っ込んだ段ボールが所狭しと置かれていた。客はひとりもいなかった。店の奥のそのまた奥に突き当たりがあった。景気の良かった時代に無理に店を拡張したのか、迷路のように入り組んだ通路によって店の空間が奥へと伸びていた。

カレンが足を止めた突き当たりの隅には、埃まみれのジーンズが山になって積まれていた。四十本、いや五十本はあった。

「ほらね、これ全部『５０１』よ。古いよね……」

「ああ、こりゃすごいな……、ちょっと見てみるか……」

僕はその山から数本のジーンズを引っ張り出した。ものすごい量の埃が宙を舞った。

僕は手で埃を払いのけながら、ジーンズの腰に付いたフラッシャーと呼ばれる紙タグや、パッチに目を凝らした。見ると間違いなく五〇年代製リーバイスの「501」ばかりだった。長年の汚れがインディゴ生地に深く染みこんで、ほぼ黒に近い藍色《あいいろ》になっていた。そのせいで時代を物語る綿糸の黄色いステッチがビンテージの証《あかし》のように際立っていた。

「さあ、どうしよう……、お金幾らあるっけ」

僕は唖然《あぜん》としながらそう言い、誰かにこの場を見られたらまずい気がして、きょろきょろと周りを見渡した。

「わたしは五百ドルとちょっとあるわ」

「僕は六百ドルある。一本二十ドルで買って五十本で千ドルか。何本あるか数えてみよう」

今日みたいな日は何があるかわからないので二人して全財産を持ってきていた。

僕らは手分けしてジーンズを数えた。数えながらサイズを見ていくと、二十九インチから三十六インチと最もお金になるサイズだった。「すごいな……」とつぶやいた。

ジーンズは五十九本あった。そうこうしていると、腹がでっぷりと出た、ベースボールキャップを被った店主らしき白人が僕らに気がついてやってきた。ハイネケンを片手にしながら「ゲプッ」と声を出してニヤリとした。

英語がネイティブなカレンは、すぐさまいつもの馴れた台詞《せりふ》をゆっくりとした口調で言った。

「ハーイ。この埃まみれのジーンズは一本いくら？　安ければ全部買いたいわ。農家をやっている実家に送りたいのよ。ジーンズは丈夫だから喜ばれるのよ」

「ああ、こんな古いのでいいのか？　全部売れ残りだよ。俺の親父の代かその前からあったジーンズだ。閉店セールをやるのに倉庫から出してきたんだけど、売れなきゃ捨てるつもりだったんだよ。ゲプッ」

店主はズズーッと下品な音を出して最後の一滴まで飲み切ったハイネケンの缶を片手でクシャリと潰した。

「一本十ドルでどう？　ここにある五十九本全部買うわ」

カレンは僕のバッグから輪ゴムでまとめた現金を取り出し、それを数える振りをしながら、

「六百ドル。六百ドルで、ＵＰＳセンターまで車でジーンズを運んでくれない？　梱包《こんぽう》して国へ送るから」

「六百ドル……。お前ら本気か？　これ捨てるつもりだったんだ。おい、スティーブ、

このジーンズを車でＵＰＳセンターまで運んでくれ。この子たちと一緒にな。ゲプッ」

ビールを水のように飲み続ける店主は、六百ドルのあぶく銭を手にする嬉しさをほくほくと顔に表わし、店のアルバイト青年に命令をした。おまけにそこら辺にある段ボールは好きなだけ持っていっていいよと言い、

「今日はいい天気だな。お前はどこから来たんだ？」と店主は上機嫌に訊いた。

「日本。東京だよ……」

「おお、日本か。ヨコハマ。フジサン。コンニチハ……ゲプッ」


六百ドルを店主に払った僕らは笑顔を見せなかった。あくまでも冷静を装った。このジーンズがお宝だと気づかれたら面倒だからだ。

五ドルでも良かったかも……。僕は心の中で思った。しかし、今となっては値引きは無理だ。ジーンズを早く運び出して日本に送ってしまうのが先決だ。

アルバイトのスティーブの手伝いも役立ち、ウエスタンショップの近くのＵＰＳセンターから日本の古着屋へと、ジーンズをその日の内に発送ができた。送料にかかった、およそ三百五十ドルは彼女が支払い、その場にあった公衆電話で送り先へコレクトコールをした。

「リーバイス、五十九本送りました。着いたらすぐに送金してください。有り金全部使

ってすっからかんなので……」

十ドルのチップをスティーブに渡し、ひと仕事終えた僕らは、来た時と同じようにバスでバークレーに戻った。バスに乗りこんだ途端、僕とカレンはもう笑顔を隠せなかった。「やったね」と何度も繰り返し言い、バスの中で小躍りした。カレンはずっと僕の手を握りしめて離さなかった。スリル満点のゲームを楽しんだ気分だった。

その夜、ぼくらは二十六ドルを払って、近所のモーテルに泊まった。一攫千金のお祝いパーティのつもりだった。奮発して一枚十八ドルのピザを買い、コカコーラで乾杯した。その夜、僕と彼女は何度も身体を求め合った。

古着屋からの送金は九日あとにあった。金額を見て驚いた。五十九本のリーバイスは九千ドルになった。一本幾らで買取るかは常に古着屋が決めていた。日本で売れる値段の何割であろうが値段は気にしなかった。損をすることはあり得なかったからだ。

僕はまず、九千ドルから元金の六百ドルと送料の三百五十ドルを抜き、残金を彼女と折半した。ATMでは一日に引き出せる金額に限度があったので三日かけてカレンの分を引き出した。ひとりおよそ四千ドル。日本円でおよそ五十二万円だ。早速、古着屋に電話した。

「すごいのを見つけたな。一本四万円で買取ったよ。日本では十五万くらいで売れるからね。サイズも良かったし、こんなに大量の五五年製のデッドストックは初めて見たよ。ほんとにありがとう」

古着屋は興奮して話した。僕は最も希少と言われる五五年製とまでは気がつかなかった。

「残りの九千ドルは、一週間あとに送金するから待っててね」

「は？　残りの九千ドル？　ああ、わかりました、待ってます……」

一本四万円ということは、一ドル百三十円計算でおよそ三百七ドル。五十九本で合計一万八千百十三ドルだ。

「ワーオ。やったー!!」

僕とカレンは声を上げて喜んだ。リーバイスを売買した今までの経験で一番の大儲《おおもう》けになった。ひとりおよそ九千ドル。日本円で百万を超える金額だった。

それから数日後、大金を手にしていた僕とカレンは、嬉しさ反面、この現実と向き合わざるをえない複雑な気分に包まれていた。お金など無ければいくらでも夢は語れたし、いくらでも自由に振る舞うことができた。しかし今九千ドルを手にしてみると、これをどうしたら良いかと考え悩む日々になった。今までと変らない生活をしていれば、お金はあっという間に使い果たしてしまうだろうと思った。この大金は自分にとって有意義なものに使わないといけないような気がして仕方がなかった。このお金を何に使おうか……。僕らはそればかりを考え、変に重苦しいような苛立《いらだ》たしいような毎日を過ごした。

「神様がくれたチャンスかもしれないね」

カレンはそう言った。

「ここから抜け出さないとダメだよ。ねえ、ニューヨークに行かない？　ニューヨークで何かはじめようよ」

「何かって何さ……。まあ、たしかにサンフランシスコにいても何も変らないし、何もはじめられないよなあ。ニューヨークかあ……」

僕はバークレーの透き通った青い空を眺めながら答えた。ニューヨークがどんな街か二人とも知らなかった。

一週間後、僕らは無計画にニューヨークへと旅立った。何かはじめなければと思い立ったら居ても立ってもいられなかった。とにかく今いるここからどこかに行くしかない。それがニューヨークだった。

ニューヨークで驚いたのは、人もそうだが何と言ってもタクシーの多さだった。ニューヨークの道という道が、タクシーで埋まっている。サンフランシスコもロサンゼルスもタクシーはあるけれど、こんなにたくさんのタクシーは見たことがなかった。

「ねえ、毎日こんなにタクシーが走ってるの？　今日は特別な日なの？」

カレンは、でこぼこ道を跳ねるようにして車を走らせるタクシードライバーに訊いた。

「これがニューヨークさ。タクシー、タクシー、タクシー。どこを見てもタクシーがニューヨークさ」

頭にターバンを巻いたインド人のタクシードライバーは手を大きく広げて言った。助手席には真っ黒いドーベルマンが乗っていた。

「すごいところね。ニューヨークって……」

カレンは過ぎゆく高層ビルの景色に見とれながら言った。


タクシーは西五十一丁目の八番街と九番街の間『ワシントン・ジェファーソン・ホテル』の前で止まった。ホテルは友人が教えてくれた長期滞在者向けの安ホテルだ。空港からのタクシー代四十五ドルを払い、トランクから荷物を下ろした。僕はダッフルバッグがふたつ。カレンはキャスターの付いたスーツケースとバックパックがひとつだった。

朝から小雨が降り続く寒い春の日だった。

長期滞在したいので部屋のタイプを教えてもらいたいと、ホテルのフロントに立っていた人の良さそうなメキシコ系のおじさんに訊いた。ホテルといっても場末のモーテルとひとつも変らない外観だ。ドアマンやポーターなどがいるわけではなかった。

「シングルは一泊二十ドルから八十ドル。ダブルの部屋は四十ドルと六十ドル。シャワーがあるかなしかの違いだよ」

「じゃあ、六十ドルの部屋がいいわ。そこを一カ月借りると幾らですか？　アミーゴ」

カレンはにっこりと笑って、親しみを込めながら言った。

「一カ月だと前金で千二百ドルだよ。セニョリータ」

メキシコおじさんは煙草のヤニで真っ黒になった歯を見せながら答えた。

僕らは部屋を見せてもらうためにキーを受け取った。エレベーターは鉄柵の扉を手動で開ける旧式だった。

部屋のある四階に着くとガチャーンという大きな音でエレベーターは止まった。安ホテルというだけあって、廊下のカーペットはしみだらけだった。ある部屋のドアが半分開いていた。中をちらりと見ると、パンツ一枚だけの中年男がテレビのエアロビ番組に合わせて踊っていた。

「この人もここの住人ね」

カレンは小さな声で呟いた。

キーは四〇一号室だった。陽当たりの良い通りに面した角部屋だった。十畳ほどの広さにスプリングベッドが二つ。木製のキャビネット。テレビ。黒い電話。ひとり掛けのソファがあった。壁にはセントラルパークらしき公園を描いた油絵が寂しげに掛かっていた。シャワールームの蛇口をひねると勢い良くお湯が出た。テントや車暮らしをしていた僕にとってこの部屋は充分過ぎる部屋だった。

「ねえ、ここなら時計はいらないわ。温度計も……」

窓を開けて、外に顔を出すとエンパイアステートビルが見えた。近くにある大きなビルのてっぺんには電光掲示板があり、現在の時間と気温が点滅しながら表示されていた。通りを挟んだ真向かいには教会があった。そこには大きな電飾ネオンの十字架があった。

「暗くなったらあの十字架は光るのかなあ」

濁った灰色のビルが建ち並ぶ景色を眺めて僕は呟いた。パトカーのサイレンがとめどなく鳴り響いていた。

「ここで暮らそう！　決ーめた」

両手を広げてベッドに倒れ込みながらカレンは言った。

「うん」と僕は答えた。

小雨は本降りの雨へと変っていた。窓から見えるビルの屋上からはもくもくと白い湯気が空に向かって吐き出されていた。

バークレーの山と空と風の中で暮らしていた僕らにとってニューヨークの都会生活は刺激的だった。朝は八時に目を覚まし、じゃんけんで負けた方がすぐ近くのデリに一ドルコーヒーを買いに行く。シャワーを浴びてから、ロビーに置かれた「ニューヨークタイムズ」の朝刊に目を通す。朝刊は二部しかないので、宿泊客同士で順番待ちだ。僕は毎朝ロビーで和やかにくつろぐこのひとときが好きだった。退役軍人、レストランオーナー、大学教授、ポン引き、生活保護を受ける老夫婦といった人たちとの他愛ないおしゃべりが楽しかった。

ニューヨークでの最初の一カ月は、毎日、美術館と博物館を観てまわって過ごした。メトロポリタン美術館は何度通ったかわからないほど夢中になった。カレンはドガが描いたバレリーナの絵にとりつかれたように魅《ひ》かれていた。

滞在期限が切れそうになった僕は日本に一時帰国しなければならなかった。資金はたっぷりと残っていたので、二週間ほど日本に滞在し、すぐにニューヨークに戻る予定でいた。帰国する日の朝、ニューヨークは雲ひとつなく晴れていた。カレンと僕は部屋で別れた。

帰国した僕は、世話になった古着屋へ挨拶に出向いた。話を聞くとリーバイスの人気は上がる一方で、どこも品物が無くて困っていると言う。また見つけてくれと頼まれたが、あれはまぐれだと僕は答えた。バークレーを引き払って、今はニューヨークにいるから、他に探し物があったら教えてくれと言うと、「本を探してきてくれ」と古着屋の店主は言った。「本って、どんな本?」と訊くと、古いメイルオーダー・カタログだと言う。電話帳のように分厚くて、家具から雑貨、衣服、おもちゃ、ライフルなど一冊で何でも買えるカタログらしい。『Sears Roebuck』もしくは『Montgomery Ward』の五〇年代のバックナンバーなら一冊一万円で買うと店主は言う。

「百冊あってもいいんですか?」

「ああ、百冊でも買うよ。そのカタログには当時のモノが全部載っているから、ファッションメーカーが資料として欲しがるんだ。またアンティーク好きにとってはバイブルなんだよ」

僕はわくわくした。ニューヨークでなら何でも探せると思った。ましてや本だ。なんたってニューヨークは古本屋だらけだったからだ。

ブロドヴィッチの『PORTFOLIO』

東京には一カ月帰った。

東京にいる間、僕はこれからのニューヨークでの暮らしをなんとかして立てねばならぬと、会う人ごとに、ニューヨークにいながらにして手伝える仕事はないか、何か探し物はないかと、しつこいくらいに訊いた。


六月のはじめ。原宿の古着屋を訪れ、知人と世間話に花を咲かせていた僕の肩を突然わしづかみにする者がいた。

「ちょっとすみません。松浦さんですよね。お話があるんですが……」

振り向くと三十代後半くらいのアゴのしゃくれた男が浅く会釈をして微笑んだ。男はヒゲをたくわえ、ハワイアンシャツにジーンズを穿いていた。右手の指には大きなオニキスが埋まったカレッジリングをはめていた。どれもがビンテージだと見て分かった。その風貌からして古着の買い付けやらを僕に依頼する業者ではないかと予想した。

「あ、はい。かまいません。大丈夫です」

僕は知人に、ちょっと行ってくる、と言って、しゃくれアゴ男のあとを追って店を出た。

「話し中、悪いすねえ……すぐなんで」

しゃくれアゴ男は歩きながらマルボロに火を点け、フーッと煙を吐き出して言った。

原宿という街は小道が多い。この土地をよく知る者は小道をよく知っている。建物の間にある大人ひとりがやっと通れるくらいの小道をたくみに使って歩く。しゃくれアゴ男もそんな小道ばかりを歩き、神宮前三丁目の雑居ビルの一室へと僕を連れていった。

「どうぞどうぞこちらに……」

ドアを開けて部屋に入ると、そこはまさに古着屋の事務所だった。段ボールに入った古着が部屋中に積み重なっている。鼻をつく独特の古着臭が漂っていた。

「おじゃまします……」

部屋にはもうひとり男がいた。

「ああ、あなたが松浦さんですか。うわあ、意外と若いんだねえ……」

僕を待っていた男は、ぷっくりと太っていて、人の良さそうな黒縁の眼鏡をかけていた。長い髪を後ろに結び、指にはターコイズの指輪をつけている。

「そんなことないですよ。二十四ですよ」

そう答えると、

「二十四は若いっすよ。いや、あのね、話はさ。君がオークランドで見つけたジーンズだけどさ。あれさ、相当まずいんだよ」

小太り男は、僕がソファに座った途端に話を切り出した。男は自分の名を名乗ろうとはしなかった。僕とカレンのオークランドでのビンテージ・ジーンズの大発掘は、原宿の古着屋界隈で知らぬ人がいないニュースになっていた。

「は？　まずいというと……」

「ウチは『××××』っていう店をやってんだけど、バイヤーがカンカンなのよ……」

『××××』という古着屋は、原宿でも老舗の一軒だった。品揃えの質は他の店に比べて群を抜いて良かった。ずいぶん前だが僕はそこでスウェットシャツを買ったことがあった。

「ウチは昔からシスコにバイヤーを送っててさ。買い付けしてるのよ。それでウチのバイヤーがね、自分のシマを松浦さんに荒らされたって怒ってるのよ。で、日本であなたを見つけたら埋めてくれって言ってんのよ……」

小太り男は薄笑いを浮かべながら言った。

ロスやサンフランシスコといったアメリカの各地で、日本の古着屋同士の熾烈《しれつ》な縄張り争いがあることは僕も耳にはしていた。しかしそれは、同業者同士のことであって、僕のような個人には関係のないことだと思っていた。

「はあ。それでどうすればいいんですか？」

しゃくれアゴ男と小太り男は、僕を脅してどうかしようと企んでいる様子に思えた。その魂胆を見抜いた僕は落ち着き払った態度で訊いた。

「いや、どうしろっつうか。ただ、今そのバイヤーが日本に帰ってきてて、松浦さんを探してるのよ。おそらくね、彼はすぐにあなたを見つけると思うよ。松浦さん、危ないから逃げたほうがいいよ。もしくはね。俺のほうから彼に上手《うま》く言ってさ、事を収めてやろうかとも思ってんのよ。俺は彼の先輩だからさ。でね、それにはさ。彼になんか渡さないと収まらないと思うのよ。ね、どうする？」

要するに、買い付けで儲けたお金の中から、幾らかの金をこっちへ渡せという意味の話を、小太り男は言った。

「今、そいつに電話すれば、すぐここに来ると思うよ。そしたら大変だよ。彼、暴れるよ」

しゃくれアゴ男と小太り男は、にやにやしながら僕の返事を待った。

「じゃあ、今すぐその方を呼んでいただけませんか。直接お話ししますので……」

他の答えが思いつかなかった僕はそう答えた。

「いいの？　ほんとに呼んじゃうよ。どうなったって知らないよ。松浦さん」

小太り男は「アッアッアッ」と、焦りを誤魔化すような作り笑いを見せて言った。

「はい。呼んでください。僕はここでその方を待ちますから……」

面倒なことになったと正直思った。しかしこの場から逃げようとは少しも考えなかった。お金云々も、お金が惜しいからではなく、二人の不条理な言いがかりに屈するのが嫌で断った。逃げたら追いかけられる。僕は昔から追いかけられることほど、嫌いなことはなかった。だから今日は仕方なく殴られて帰ろうと性根を据えた。すると、それまで力が入っていた身体も心もすっと楽になった。しかしそんな平然とした僕の態度が、しゃくれアゴ男と小太り男の逆鱗《げきりん》に触れたようだった。

「ふざけんなよ。この野郎……」

しゃくれアゴ男が突然、声を荒げた。そして座っている僕の胸ぐらを両手でつかんで、ぐらぐらと揺らしたかと思うと僕を床に思い切り倒した。

「おいこら、なめんじゃねえよ」

しゃくれアゴ男の裏返った声は、まるで盛りのついた猫の鳴き声のようだった。しゃくれアゴ男は僕の胸ぐらをもう一度つかみ、床から僕を持ち上げて、壁に何度も叩きつけた。ブチブチとボタンが弾ける音がした。僕は抵抗しなかった。しゃくれアゴ男はハアハアと肩で息をしながら僕をつかんでは床に倒すということを繰り返した。そうされながら僕は、僕を探しているというバイヤーが日本にいるということも、僕を探しているということも、きっと嘘《うそ》だろうと思った。

言葉では、これでもかと乱暴なことを言う二人だったが、その暴力は大したことがなく半端だった。顔を殴ることもせず、身体を足で蹴ることもせず、ただただ裏返ったような大きな声で威圧して、僕の身体を振り回して倒すだけだった。中学三年の時、講道館検定の初段を受けに行く前の日、新宿十二社《じゅうにそう》の「黒須道場」の黒須師範から受けた二時間の乱取りに比べれば、彼らの暴力など屁《へ》とも思わなかった。傷害罪か何かで訴えられるのを恐れていたのかもしれない。妬《ねた》んで脅してるだけだ……。そう思うと余計に僕の態度は落ち着いた。

「行けよ……」

小太り男が、僕の背中を思いきり両手で突き飛ばして言った。

「行けってんだよ……。このクソ素人が。二度と俺らの仕事の邪魔するんじゃねえ。今度やったら只《ただ》じゃ置かないからな……」

男のどちらかがこんな捨てぜりふをはき、僕をドアの外へと押し倒した。僕は裸足のまま廊下に倒れた。あ、靴が無いと困るなあ、まいったなあ、と思っていると、わずかに開いたドアの隙間から、僕の靴が、足で二、三度蹴られてころりと転がってきた。ああ、よかったと僕はつぶやいて、廊下に腰を下ろしたまま自分の靴を履いた。空を見上げると夏のようなジリジリした陽射しが照りつけていた。くやしさは不思議となかった。

怒る気持ちもなかった。これが古着屋の世界だとは思わないが、この時、僕は今後この業界からできるだけ自分を遠ざけようと決心した。例えば、もしまた目の前にビンテージ・ジーンズが積まれているのをどこかで発見しても、自分が穿く分だけを買って、残りに手をつけるのは止そうと思った。五〇年代の分厚いメイルオーダー・カタログを見つけたら何冊でも買うからと、古着屋の知人から頼まれていたがその気も失せていた。この出来事をきっかけにして、とにかく僕は古着屋との関わりを断つことにした。

それから三日後。成田からニューヨークへと向かう飛行機の中で、サイモン&ガーファンクルの「アイ・アム・ア・ロック」を聴いた。

僕は恋人のカレンから、日本でウォークマンを買って帰ってきてくれと頼まれていた。僕はそれを成田空港のオーディオ・ショップで手にいれた。一緒に「サイモン&ガーファンクル・ベスト」のカセットを選んだ。ゴーッと鳴り響くジェットエンジンの音をバックに、サイモン&ガーファンクルの唄は、僕の新しい出発を讃えるように優しく耳に届いた。その時、急にくやしさがこみ上げてきた。くやしくてくやしくて僕の目から涙がとめどなく流れた。「ちくしょう……」と僕は一言つぶやいて手で涙を拭いた。

ニューヨークに戻った僕は、東京で知り合ったグラフィックデザイナーから、ぜひ探してくれと頼まれていた本を、早速探すために街へと繰り出した。

本は一九五〇年代のはじめに出版された、『PORTFOLIO』というグラフィックマガジンだった。

「三冊揃って見つかれば四十万で買います。一冊だけでも買うから、なんとしても探してください……」

『PORTFOLIO』とは、ファッション誌『ハーパース・バザー』のアートディレクターを務めたアレクセイ・ブロドヴィッチが、編集とデザインを手がけた幻のグラフィックマガジンだ。贅沢な製本と斬新な内容にこだわったために、三号目で資金繰りに行き詰まり、惜しくも廃刊となってしまった希少本のひとつだ。

「わかりました。必ず見つけます。少し待っててください……」

僕はその注文を簡単に請け負った。いや、仕事だと思って請け負うしかなかった。

探しはじめた日の午後、老舗古書店『ストランド書店』の店員に、古い雑誌を専門にする店を教えてくれと訊くと、ワンブロック先のすぐ近くに一軒あると親身に教えてくれた。

そこは東十二丁目のビルの地下にある古雑誌専門店だった。入ってみると、そこは店というよりオフィスだった。

「なんか探してんのか？」

童顔で白髪の男が訊いた。

「あの……ブロドヴィッチの『PORTFOLIO』はありますか？」

僕がそう答えると、男は一瞬顔をくしゃくしゃにして黙って奥へと引っ込んだ。そしてすぐに戻ってくると三冊の『PORTFOLIO』を手に持ってひらひらさせた。

「揃いで千二百ドルだよ」

ニューヨークはなんて街なんだと僕は驚いた。

ニューヨーク・ブックハンターズ・クラブ

東十二丁目の古雑誌専門店で、幻のグラフィックマガジン『PORTFOLIO』全三号（一九五〇〜五一）を、いとも簡単に見つけたのは良かったが、手持ちの現金が足りなかった。

近くのATMで現金を引き出してくるので、少しの間、取り置いてくれないかと店主に頼んだ。

「よし。二十分だけ取り置きしておいてやる。一分でも過ぎて、もし他の客から欲しいと言われたら売るぞ。この本を探しているやつはいくらでもいるんだ」

店主は当然の事のように答えて僕を脅かした。なんて強気なんだろう。二十分の取り置きって一体何だ。しかし今となったら仕方がない。僕はＡＴＭへと小走りで向かった。

良く考えてみると店主の言い分は納得ができた。古書との出合いは一期一会と言うように、買い逃してしまって、あとになってからやっぱり欲しくなって戻ってみたら、すでに売れてしまっているのはよくあることだ。しかも探している人が多い人気の希少本であればなおさらである。この世界は理屈抜きでお金を払った者勝ちである。何日、何週間もの取り置きなどそんな都合のいい買い方などありえない。本の取り置きが分単位。ニューヨークの古書店はシビアだな。ひとつ勉強になったと僕は膝を叩いた。

息を切らしながら店に戻り、店主に代金の千二百ドルを払った。すると、店主は僕の左胸をこぶしで叩きながらこう言った。

「お前は運がいい男だ。この雑誌が三冊揃うことはそう滅多にないからな」

店主は受け取った現金を数えることなく、丸めてチノパンのポケットにねじ込み、右手を出して「俺の名はＭだ」と握手を求めた。そして「俺をどこかで見たことがないか？」と親しげな口調で訊いた。

「テレビ、映画、お前見たことないのか？」

「いいや、見てるけれど……」

「三十年前、俺はアメリカでは有名な子役だったんだぞ」

店主は、ちょっとこっちへこい、と指で合図して、店の奥へと僕を連れていった。

古い雑誌の在庫で埋め尽くされた通路の先に事務所があった。彼は仕事机の引き出しから写真を一枚取りだした。

「どうだ、これがその頃の俺だ。かわいいだろう」

写真には、オズの魔法使いに出てくるようなロボットや動物に囲まれた十歳くらいの少年が、にっこりと笑って写っていた。

僕は店主の顔を見て写真をもう一度見た。写真の少年は横にいる店主に違いなかった。

「おい、お前。俺の息子に日本語を教えるバイトをしないか？　時給二十ドルやるぞ」

店主は会ったばかりの僕に突然こう言った。

「日本語を教える？　そんなこと自分にはできませんよ。無理ですよ」

そう答えると、店主はがっかりした顔を見せ、僕の肩に手を置き、「うんうん、そうか」と悲しい顔を見せ、終いには「えーん、えーん」と泣き真似《まね》をしておどけて見せた。

「探している本があったらいつでも来い。俺は世界一の古本屋だ。ここには世界中からセレブがやってくる。お前は今日からそんな俺の友達だ」

古雑誌専門店の店主Mは、自意識過剰で自信満々、まるで裸の王様のような振る舞いを僕に見せたが愛嬌《あいきょう》があって憎めない男だった。

「ありがとう。また来ます」

そう言って店をあとにした。

三冊の『PORTFOLIO』を小脇に抱え、階段を上がって外に出ると、初夏の心地よい風がそよいでいた。空を見上げると真っ白な積乱雲が浮かんでいた。僕はひと仕事した満足感と、ちょっと変り者だがニューヨークの古書店に知り合いが出来た嬉しさで気分が良かった。

「あの人に本を見つけたと知らせたら喜ぶだろうなあ……」

僕は自分の運の良さに有頂天になった。

住み処にしている西五十一丁目の安宿『ワシントン・ジェファーソン・ホテル』に帰って、本を見つけた旨を知人に手紙で知らせよう。

そう思って歩きはじめると、「すみません、ちょっといいですか？」と後ろから声をかけられた。振り向くとホームレス風の身なりをした三人がにこやかな笑顔で並んでいた。僕は「ノーサンキュー」と言って、踵《きびす》を返し、先へ行こうとした。すると三人は追いかけてきて、「あの、すみません……怪しいものではないんです。わたしたちは本屋です。あなたが探している本を教えてください」と言った。「探している本を教えてくれ？」僕はその言葉になぜか心を惹かれ、早めた足を止めて振り返った。そして「それはどういうことですか？」と道の真ん中に立ち並ぶ三人に訊いた。

「わたしたちは、それぞれ bookseller です。しかし店を構えているわけではありません。店を持っていない本屋なのです……」

三人の中で一番背の低い眼鏡をかけた男が、手振りをしながら言った。

この時、初めて bookseller という言葉を僕は知った。英語でいう書籍商という意味である。

「お店が無いということは、どうやって本屋をしているのですか？」

「本のコレクターや、店を持っている本屋、もしくは古書店のバイヤーから、探している本を聞いて、それをわたしたちなりのルートで探し出して売っているのです」

彼らは、日本で言う「背取師《せどりし》」と同じであった。違いは、古書店で買い物をした客を店の外で待ち伏せして、何か探しているものがあったら教えてくれと声をかけることである。

「わたしたちは古書店に本を売りに行くし、個人にも本を売りに行きます」

「そうですか。わかりました。実は僕も本屋です。みなさんと同じようにお店を持たず、コレクターなどから探している本を訊いて、こうして毎日本屋を歩き回って探しているのです」

「そうですか。あなたは同業者ですか。それでも問題ありません。あなたの探している本を教えてください。わたしたちも探してあげます。そしてわたしたちが探している本もあなたに教えますので、もしどこかで見つけたら知らせてください。わたしたちは『ニューヨーク・ブックハンターズ・クラブ』という組織を持っています。このクラブはきっとあなたの仕事に役立ちますよ」

　ニューヨーク・メッツの帽子を被った男が親身な口調で言った。小太りの男も傍らで静かに頷《うなず》いていた。

　背の低い眼鏡の男はジョージ。メッツの帽子を被った男はビル。小太りの男はケンと名乗った。彼らはニューヨークで店を持たない書籍商ら約四十人で、共存を目的とした「ニューヨーク・ブックハンターズ・クラブ」というコミュニティを二年前に作ったと言った。僕はそんなクラブがニューヨークにあるとは知らなかった。面白そうなのでひとつ話を聞いてみようと思った。

「それではどこかでコーヒーでも飲みながら話をしませんか？　よかったらいろいろと教えてください」

　僕がそう言うと、

「すぐ近くだからウチで話しましょう。その方がきっと信用してもらえるし、仲間になるなら話が早いよ」

とケンが言った。

僕はブロードウェイを南へ歩いていく彼らの後をついていった。

「あなたの名前は日本人の名前ですね」

ケンにそう言うと、彼の祖父は戦後、日本に滞在していて日本が好きになり、孫の自分に日本の名前をつけたんだと話してくれた。

ケンの家は四ブロックほど歩いた先の東十丁目のアパートだった。五階建てのアパートの一階には朽ち果てそうな外観のアイリッシュ・パブがあった。エレベーターに乗り、四階にあるケンの部屋へと上がった。ひとり暮らしとはいえ、まあまあの広さを持った部屋だった。インテリアは古いシェーカー家具を揃えていて趣味が良かった。本棚には価値の高そうな古書がわんさかと溢れていた。

ソファに座ると、ビールにするか、コーラにするかと訊かれ、僕はコーラと答えた。それぞれが飲み物を手にしてソファに腰を沈めると話が始まった。

「で、あなたはどんな本を探しているのですか？」

早速、ビルが訊いてきた。

「実は、僕は本屋をはじめたばかりなんです。だからお客は少なくて、探している本が何かと訊かれても答えられません。たまたまひとりの方から『PORTFOLIO』を全号探してくれと頼まれて、あの店に行ったら偶然見つけただけなんです」

僕は正直に自分の今の状況を話した。

「そうですか、わかりました。で、『PORTFOLIO』はいくらで買って、いくらで売るのですか？」とケンが訊いた。

「千二百ドルで買って、日本円で四十万で売るから、二倍以上で売ります」

「それは安いですね。『PORTFOLIO』全三号がその値段で買えたのはものすごく幸運です。でも、がめついMがよくその値段で売りましたね。ニューヨークの古書店では、三号揃っていれば二千五百ドルが相場ですよ。ちょっと見せてください」

ジョージは、僕が手に入れた『PORTFOLIO』を包みから出した。

「三号共にコンディションは相当いいですね……」

ジョージはページを開いて、ぱらぱらと中身を鋭い眼差《まなざ》しで眺めた。するとすぐに顔を曇らせた。

「安いわけがわかりました……」

ケンとビルが、ソファに沈めていた身体をほぼ同時に起き上がらせた。

「どういうことですか？」

「見てください。まず三号に付いているはずの３Ｄ眼鏡がどこにもありません」

　ジョージは、三号目の特集になっている3Dグラフィックのページを開いた。そこにはページいっぱいにティラノサウルスの骨格模型の写真が、青と赤の二色でレイアウトされている。

「いいですか。この特集ページには3D眼鏡がおまけで付いています。その眼鏡をかけてこの写真を見ると、恐竜が飛び出して見える仕組みです。このページは世界で初めて3Dグラフィックを紹介したもの。よって、その3D眼鏡が無いということは、この号にとって致命的なのです……」

　ジョージは首を振りながら申し訳なさそうに言った。

「そしてまた、残念なことに、三冊共にいくつか切り抜きがあります……」

　雑誌を縦に置いて、つかの部分を上から見てごらんと言った。言われた通りにして見ると、いくつかのページが切りとられているのがその断面でわかった。

「創刊号のチャールズ・イームズのページ。二号のソウル・スタインバーグのページ。三号のアンリ・カルティエ＝ブレッソンのページが切られている……」

「おい、Mに文句を言いに行こうぜ。こんなコンディションなら、売るときに必ず客に言うべきではないか！」

　ケンがビールを片手に声を荒げた。

「たしかにひどいな……。千二百ドルの取引なら、このコンディションの説明があるべきだ……。これじゃあ、価値は五分の一でしかない」

ビルも肩を震わせながら言った。

「君はどうする？　Mは返金するかわからないが、文句のひとつやふたつは言ってもバチは当たらないぞ」最後にジョージが冷静に言った。

僕はMへの怒りよりも、自分の知識の無さと、千二百ドルの大きな買い物をするにあたって、何ひとつその本のチェックをしなかった自分が情けなかった。３Ｄ眼鏡についても、切り抜きの有無を見分ける方法すら知らず、見つけた、見つけた、と調子に乗って、不完全な本にお金を払ったのだ。

「本屋同士でこんなことはあってはならない！」

ジョージがさらにこう言うと、他の二人は立ち上がった。

「まだ店は閉まっていないはずだ。僕らがついていくから一緒に行こう！」

三人はまるで自分の事のように憤りを持って僕を励ましてくれた。

こうして僕は「ニューヨーク・ブックハンターズ・クラブ」の三人と、Mの店へ向かって歩いた。とはいえ、足取りはとても重かった。

フレッドさんとの出会い

「Mがおとなしく言うことを聞いてくれればいいのだが……」

と、ケンが言った。僕も同感だった。本代の千二百ドルを取り戻せますようにと祈った。

「ニューヨーク・ブックハンターズ・クラブ」のジョージとビルとケン、そして僕の四人は、イーストヴィレッジからブロードウェイ十四丁目の角を曲がり、Mの店へと向かって歩いた。

「面倒なことに付き合わせてしまって、申し訳ないです……」

「気にしなくていいよ。これも君にとっていい経験になる。僕らが付いてるから心配しなくていい……」

ビルはニューヨーク・メッツの帽子を被り直しながら僕の肩を叩いて言った。

狭い階段を先に下りたケンが、店のドアを開けてくれた。僕は小さな声で「ハロー、M……」と言いながら、カーペットが敷かれた廊下をそろそろと歩いて中へ入った。

「おやおや、また来たな。俺の日本の友達。また会えて嬉しいよ。何か探しものでもあるのか。あれあれ、ゴミ屋の三人組ランナーじゃないか。お前ら知り合いなのか。なんの用があって俺の店に来たんだ？」（常に走り回って本を探すことから「背取師」のことを俗語で「ランナー」と呼ぶことはあとで知った）

Mは、デスクの上に足を載せ、レディーボーデンのアイスクリームを食べながら僕らをジロリとにらんだ。

「すみません……。先ほど買わせてもらった『PORTFOLIO』。ページの切り取りや欠品があったので返品させてもらいたいのです……」

僕の言葉を聞いたMは一瞬で顔色を変えた。そして椅子から飛び上がるようにして立ち上がり、パンツのポケットに手を突っ込みながら僕に近づいてきた。

「お前、自分が何を言っているのかわかってるのか？　さっき、これでいいと言って、有頂天になって買い物をした自分を忘れたのかい。古書店で返品など許されるとでも思ってるのか！」

Mは僕の胸を手の甲で何度も叩きながら言った。

「M……。千二百ドルの買い物だ。しかも彼は同業者だ。コンディションを説明してから売るのが当然だと思うのだが……」

ジョージが横から言葉を挟んだ。

「ふざけるな。俺はプロだぞ。俺は間違いなくこいつにコンディションを説明してやった。それでもいいと言うから売ってやったんだ。おい、記憶が無いとは言わせないぞ！」

Mは僕をにらみつけた。

「Mは君にコンディションを説明したのかい？」

ビルが僕に静かに訊いた。

「説明したのかもしれない……。僕の英語力で理解できなかったのかも……」

「ニューヨーク・ブックハンターズ・クラブ」の三人は大きなため息をついた。

「いいか。もしその本がいらないのなら今すぐ俺が買取ってやる。三冊で二百五十ドルだ。それがいやなら、とっとと帰りやがれ。おい、スティーブ、こいつらを外に追い返してくれ！」

Mが大声で怒鳴ると、店の奥からタンクトップ一枚の筋肉隆々の男が、のっしのっしと現れた。スティーブという男は、スキンヘッドで真っ黒に日焼けしたモデル並の美男子だった。

「Mが連れて歩いているボディガードだ……」

ケンが小声でささやいた。ニューヨークの古書店主にボディガードがなぜ必要なのか、僕には皆目わからなかった。

「オーケイ、さあ、みんな帰ってくれ。面倒をかけないでくれ」

スティーブは、僕らの背中を押しながらドアの外へと追いやろうとした。

僕は、Mが『PORTFOLIO』全三号のコンディションを説明してくれたとはどうしても思えなかった。もしそれがほんとうなら、相当の早口で、外国人である僕にわかりにくいような言い方でさらりと言ったのであろう。

「おいM……。せっかく日本から来たお客じゃないか。もう少し親切にしてあげても良いはずだぞ。見るにお客は、自分にも多少の責任を感じているようだ。ここは君が返品を受けてやるのが正しくないかい……」

店の奥から老人がすっと現れ、僕らの輪に近づき、こう言った。老人は客として店の奥で探し物をしていたが、この騒動を耳にして割って入ってきたのだ。

「ああ、フレッド……。頼むから口を挟まないでくれよ……」

Mは困った顔をしてフレッドという名の老人に向き合い、彼の肩を抱いて、「すぐに済むから、向こうに行っててくれ。たのむ……」と小声で話した。

「おい、聞き分けが悪いぞ、M。この問題はお客ではなく君が責任を取るべきなんだ」

老人は強い口調で言ってMをたしなめた。

「ああ、わかった、わかった、あんたに言われたら仕方がねえなあ……」

そう言いながらMはポケットから手を出したかと思うと、いきなり持っていた札束を勢いよく僕の顔に投げつけた。

「本はその辺に置いとけ！　そして二度と俺の店に来るんじゃねえ。都合が悪くなったら英語がわからないなんて手を使うゲス野郎めが！」

僕の顔に当たったドル紙幣はバサバサと床に散らばった。それを踏みつけながらMは振り返ることなく店の奥へと引っ込んでいった。

映画などでこんな場面を見たことはあったが、まさか自分が他人から札束を顔に投げつけられるとは思わなかった。

「……さあ、早く帰ろう」

ケンが呟いた。

僕は床にばらまかれた二十ドル札を一枚いちまい拾ってポケットに入れた。数えると九百ドルしかなかった。このことを今この場で口にすることは僕にはできなかった。

「フレッドさん、ありがとうございました」

一部始終を見ていた老人にジョージが言った。

「ああいいんだよ。Mはそんなに悪い男じゃない。彼を嫌わないでくれ。日本の方、あなたは本屋ですか？　もしそうなら、これからわたしの店に来てはどうかな。あなたが探している本が見つかるかもしれませんよ。ぜひいらっしゃい」

「彼の名はフレッド・バス。すぐ近くの『ストランド書店』のオーナーだよ」

ビルが耳元で教えてくれた。

「あ、はい。ほんとうにありがとうございます」

そう答えると老人はうんうんと微笑んで頷いた。


Mの店から出た僕らは、顔を見合わせた途端、苦笑いしながら共に肩をすくめた。

「まあ、良かったじゃないか。お金を取り戻せて。今回はフレッドの助けが無かったら返品は無理だった。君はラッキーだった……」

煙草をくわえて火をつけながらジョージは言った。

「ほんとうにありがとう。とても助かりました」

僕は日本式に深々と三人に頭を下げた。

「じゃあ、また町で会ったらコーヒーでも飲もう。俺らはこの辺でいつもうろうろしてるから、きっとまた会えるよ」

「ニューヨーク・ブックハンターズ・クラブ」の三人は、すっかり帳《とばり》の下りたニューヨークの街の中へと消えていった。Mの店を振り返ると、スティーブが外で煙草を吸っていた。彼は僕に気がつき、ニコっと笑って手を小さく振って見せた。あたかも、君はそんなに悪くなかったぞ、と言わんばかりの仕草だった。

『ストランド書店』は、売り場が地下から四階まであるニューヨークきっての老舗の古書店である。その蔵書を並べると、長さは八マイルにもなるというのがキャッチコピーとなっている（現在は八マイルから十八マイルにコピーが変った）。

エレベーターで四階の希少本ルームに上がると、ざわざわとした他の階に比べて、フロアはしんと静まり返っていた。革装の古いシェイクスピアなどが壁の本棚に整然と並んでいる。古書店というより図書館のようだ。絶版写真集のコーナーには、ウォーカー・エバンスやエドワード・スタイケン、アルフレッド・スティーグリッツといった写真家の一九三〇年代の写真集がずらりと並んでいる。驚いたのはどれもが古書とはいえ、新刊本のような状態であったことだ。ブラッサイの『パリの夜』（一九三三）の初版本があった。三千五百ドルの値が付いている。注意深く手にしながら見ていると、誰かが僕の肩に優しく手を置いた。

「やあ、いらっしゃい。さっきは大変だったね」

見るとMの店で僕を助けてくれた老人だった。

「さっきはほんとうに助かりました……」

「いやいや、いいんだよ。ニューヨークの古書店の店主は変り者が多いからね。そういうわたしも相当の変り者とみんなに思われているんだよ」

フレッドさんは静かな口調でそう言い、「さて、何か飲むかね。コーヒーか紅茶、それとも緑茶がいいかい」と僕に訊いた。「では、緑茶を……」と頼むと、フレッドさんは側にいたスタッフに緑茶をふたつ持ってきてくれと頼んだ。

「もし君がまだ『PORTFOLIO』を欲しいのなら売ってあげよう。ここに三号揃いがある。しかし、値段はMの店よりは高いぞ。中身をゆっくり見て考えなさい。コンディションは完璧だよ」

「ありがとうございます。ちなみに値段はいくらですか？」

「三号揃いで三千ドル。十パーセントの同業者割引があるから二千七百ドルだね。これがこの本の正当な値段だよ」（アメリカの古書店では同業者割引が存在する）

僕は新品に近い状態の『PORTFOLIO』全三号を一ページ一ページゆっくりと舐めるようにして見た。素晴らしかった。ブロドヴィッチの余白を生かした斬新なレイアウトもさることながら、写真や図版の印刷の美しさには、まばたきを忘れてしまうほどに見入ってしまった。当時のグラビア印刷の中でも最も高い技術を持った職人によって刷られていると、フレッドさんは教えてくれた。

「本屋をはじめたばかりという君に今日はひとつプレゼントをあげよう」

そう言ったフレッドさんは僕に茶封筒をひとつ手渡した。

「中を見てごらん……」

フレッドさんは、にこにこしながら僕を見ている。茶封筒の中を見ると、本のカヴァーだけが一枚入っていた。

「プレゼントとはいえ、申し訳ないがわたしに百ドル払ってくれないかい。実を言うと百ドルが仕入れ値なんだよ」

フレッドさんははにかむように言った。

そのカヴァーは、ジム・キャロルの『The Basketball Diaries』（一九七八）初版のものだった。表紙には著者のジム・キャロルが、バスケットボールのユニフォームを着て、長髪をだらりと下ろしたポートレートがあった。そして、そのポートレートの上には「Jim Carroll」と自筆サインがあった。

「いつか君が店を持った時、これを額装して飾るといい。クールな本屋になるぞ。もしくは資金に困った時、ニューヨークの古書店に売ればいい。きっといい値段がつくはずだ。『ストランド書店』のバイヤーは一番高い値をつけると思うぞ。ワッハッハ」

僕はフレッドさんに言われるがままに百ドルを手渡した。

「大事にしなさい……」

フレッドさんは、丸眼鏡の中の目をウインクしてみせた。そして、

「ああ、そうだ。わたしの店のスタッフ採用試験の筆記テストがあるんだ。物は試しに受けてみるかい？　百点が取れたら……。えーと、君は就労ビザが無いだろうから、こ

こでは働けない。うーん、もし百点が取れたら……。心を込めておめでとうと言ってあげよう……」

フレッドさんは一枚のテスト用紙を僕に手渡した。

フレッドさんの教え

ニューヨークで、六十四年の歴史を誇る老舗古書店『ストランド書店』のオーナー、フレッド・バスは、四階の希少本ルームの片隅のキッチンで、自ら僕にコーヒーを淹《い》れてくれた。マグカップには、赤い文字で「STRAND」と大きく描かれていた。

「さてと……。これが『ストランド書店』のスタッフ採用テストだよ。良かったら解いてごらんなさい……」

フレッドさんは湯気の上がったマグカップと一緒に、一枚の用紙を僕に手渡した。

用紙には「APPLICATION FOR EMPLOYMENT（求職申込書）」と表題があり、その下には「PERSONAL INFORMATION（住所氏名）」「RECORD OF EDUCA-TION（学歴）」「SPECIAL TECHNICAL SKILLS（職歴および資格）」と、採用希望

者の記入欄があり、その最後の欄に「LITERARY MATCHING TEST（文学テスト）」があった。

テストの内容を記してみる。まず、左欄に十人の作家の名前が挙がっている。そして右欄に十作の作品名が挙がっている。解き方は作家名と作品名を線で結ぶのだ。

左欄の作家名を上から読む。「CARSON」「WHARTON」「MORRISON」「KESEY」「HOMER」「RUSKIN」「MILLER」「DANTE」「CERVANTES」「SARTRE」とある。

右欄の作品名を上から読む。『STONES OF VENICE』『DON QUIXOTE』『DEATH OF A SALESMAN』『BEING & NOTHINGNESS』『SONG OF SOLOMON』『SEA AROUND US』『ILIAD』『WINGS OF THE DOVE』『ONE FLEW OVER THE CUCKOO'S NEST』『DIVINE COMEDY』とある。

「このテストができないからといって不採用になることはない。あくまでも参考にするだけだ。難しい問題ではないから、その人がどのくらい本を知ってるかを、知るにはいい問題だと思っている。そして本に詳しい人にとっても、なかなか面白い問題なんだよ」

フレッドさんは真っ白のあごひげを指で触りながら言った。

「さあ、ほら、やってごらん。ここに鉛筆と消しゴムがあるから」

テスト用紙を目の前に置いて、ただじっと見つめるだけの僕を見てフレッドさんは僕の肩を叩いた。解けなかったらどうしようと正直緊張した。

まず最初に解《わか》ったのは、ケン・キージーの『カッコーの巣の上で』。そしてアーサー・ミラーの『あるセールスマンの死』、ジョン・ラスキンの『ベニスの石』。ここで僕の手は止まった。

「カーソンって誰だ。デヴィッド・カーソンかな……。違う、あれは映画監督だ。カーソン……。そうか、レイチェル・カーソン。レイチェル・カーソンだ。『われらをめぐる海』だ……。モリソン……。モリソン……。トニ・モリソンの『ソロモンの歌』だ！」

僕はひとりでぶつぶつと呟きながら問題を解いていった。

スタッフが僕の横を通り過ぎるたびに興味本位にテスト用紙を覗き込んだ。僕が肩をすくめてみせると、みんなクスクスと笑って「がんばって……」と小声で言った。

結局、左欄の作家名と右欄の作品名を線で結べたのは五つだった。

「フレッドさん、もうこれ以上はわかりません。あとは勘で線を引くしかありませんよ」

「どれどれ、おお、五つも解けているじゃないか。これはこれは、なかなかだな」

フレッドさんはテスト用紙を手にして嬉しそうに笑った。そしてデスクの上にあった紙袋からドーナツをひとつ取り出してかぶりついた。

「おーい、ビル。君はこの問題、いくつ解けたかな？」

口の中にドーナツを入れて、もぐもぐしながら、スーツを着てデスクで仕事をしていた白人男性にフレッドさんは声をかけた。

「わたしは四つです……」

ビルという男性は苦笑しながら答えた。

「彼はこのフロアの責任者です。そんな彼でも四つしか解いていません。あ、もしよかったら、ドーナツをひとついかがかな。『ドーナッツ・プラント』という店のトーフ・ドーナツは美味しいよ」

フレッドさんはむしゃむしゃとドーナツをほお張った。

「おーい、ナンシー。君はいくつ解けたかな」

「えーと、そうですね……いくつ解けたかは忘れました」

ビルという男性の横のデスクに座っていた、真っ赤なスーツを着た金髪の女性がそう答えると、フロアにいた大勢のスタッフが大笑いした。それを見た金髪の女性は、そこにいたスタッフの頭をこづき回す仕草をした。

「実は彼女、わたしの娘です。しかも、この店の社長でもあります」

フレッドさんは「ホッホッホッ」と目に涙を浮かべて面白がった。サンタクロースのような笑い方だった。

「さてと。では答えを教えよう。教えるけれど誰にも言ってはいけないよ。人に教えてしまったら、この問題は面白くなくなるからね。まず、左欄にある『WHARTON』。これは『The Age of Innocence』を代表作とするイーディス・ウォートンだ。右欄のどの作品にも当てはまらない。そして、右欄の『WINGS OF THE DOVE』。これも左欄のどの作家にも当てはまらない。ちなみに作者はヘンリー・ジェイムスだ。よって、相当、本に詳しい人でも、このテストは八つしか解けないはずだ。もし、この当てはまらない二つを指摘できた人がいたとしたら、わたしはその人をきっと不採用にするだろう。どうしてかって？　そんなに本に詳しい者がこの店にいたら窮屈だからだよ」

種明かしをしたフレッドさんは微笑んだ。

「だから、五つも解けた君は、本屋として優秀ってことだ……」

フレッドさんの作ったテストは、こんな風にユーモアと機知に溢れていた。

「おお、トニ・モリソンが解けてるじゃないか。これを解く人はなかなかいないぞ……。よし、ではこのテストを記念に持って帰りたまえ。えーと、日本人でこのテストを受けたのは君が初めてじゃないか。ああ、きっとそうだ……」

フレッドさんのあまりの優しさに僕は恐縮してしまった。そのあたたかい言葉に、なんて応えたらいいのかもわからなかった。

「そうだ。君がもし東京で古書店を営むなら、まずは店となるビルを買いなさい。古書店は賃貸ではやってはいけないよ。ニューヨークではこの五年間で五十軒近い古書店が閉店した。その理由は地代が上がり、家賃を払えなくなったからだ。インターネットが普及して、店売りの本屋は厳しい時代でもあるんだよ。だから、まずはビルを買うこと。それが大事なんだ。わたしたち『ストランド書店』はこのビルを所有している。もし、こんなニューヨークのど真ん中でこれだけの建物を借りていたら、わたしたちは今頃破産していたに違いない。幸運にもわたしは祖父からこの建物を譲り受けたから今でも古書店を営業できているんだよ。しつこく言うようだけど、ビルを買うことが古書店の成功の秘訣《ひけつ》だよ」

フレッドさんは指についたドーナツのシナモンシュガーを舐めながら言った。

「フレッドさん、ちなみにスタッフの採用で一番重要視するのはどんなことですか？」

「それは人柄だよ。人柄のいい人でなければ古書店では役に立たない。どうしてかと言うと、わたしたちの商売の第一は対面販売だからだよ。お客に嫌な思いをさせてしまいそうな人はいくら優秀でも採用はできない。それに毎日これだけ多くのスタッフと一緒に働くのだからね。人柄が良くなければみんなが辛くなるよ」

フレッドさんがそんな風に僕に話していると、すぐ横にさっきの娘さんがやってきた。

「紹介しよう。彼女はナンシーです」

フレッドさんは僕のことを東京の書籍商と紹介してくれた。

「ナンシーは今、面白い新規プロジェクトを進めています。それは著名人の邸宅用の書籍の販売。そして、映画のセット用の書籍のレンタルです。最近だと、トム・クルーズのニューヨークの家の本棚に古書をあつらえた。彼は本なんて読みもしないが、ステイタスとして本を必要としているんだ。客が家に来て、部屋を案内した時に、知的に見える立派な本を披露したいんだな。そのためには新刊では格好がつかない。長年大切にされ何度も読まれたような古書でないと、自分が本を読まないことがばれてしまうからね。そうだろ、ナンシー。トムの家にはどんな本を売ったんだ？」

「高さ四メートルで、幅が九メートルの本棚を全部古書で埋めたのよ。革装のシェイクスピア全集から、古い映画論や歴史書、そして日本文化の本も沢山揃えたわ。ガランとしていた本棚に見た目のいい本がぎっしりと埋まった時、トムは『これで客が呼べる』と喜んでいたわ。わたしとしてはちょっと複雑な気持ちだったけど。だって、読みもしない本を並べて何が楽しいのかと思うわよ。まあ、そんなつてで映画のセット用の本のレンタルなども注文があるから、我慢しているのよ。ハリウッドの人たちってほんとうに見てくれ重視なのよ」

フレッドさんの娘ナンシーは、大きな手振りで話をした。

「まあ、古書店の商売もいろいろあるということだ。本がいらないと言われれば買取るだけだし、本が必要と言われれば『はい』と言って売るだけだ。だけど、わたしが一番大切にしたいお客は、雨の日も風の日もこの店の外のセール棚に毎日やってきては、一ドルや二ドルの本を、せっせと買ってくれる客なんだ。彼らが一番、本を愛していると わたしは思うんだよ」

フレッドさんはしみじみと言った。

「おお、そうだ。『PORTFOLIO』はどうするかい？　欲しいと言ってる客がいるんだろう。それなら仕入れて届けてやるのが君の仕事だろう。三号揃いで二千七百ドルだ。客に三千五百ドルで売れば八百ドル儲かる。しかし、その客から君が受ける信頼はお金で換算できないもっと大きなものだよ」

「わかりました。僕も買うつもりでした。二千七百ドルで売ってくれませんか？」

「よし。おーい、ビル。『PORTFOLIO』の揃いを彼に売ってやってくれ。三号で二千七百ドルだ。おまけをつけてな」

フレッドさんは、さっきのビルという男性に声をかけた。

ビルが『PORTFOLIO』を僕のところに持ってきた。

「こちらはとても素晴らしいコンディションです。汚れ、破れ、破損はまったくありません。すべての号に定期購読はがきが付いています。こちらはブロドヴィッチのデザインしたプロモーションポスターです。これを付けることでコンプリートになります。わたしの知るところ、このポスターはニューヨーク近代美術館に一枚あるだけです。どうぞ」

ビルはとても丁寧に説明してくれ、僕に『PORTFOLIO』を手渡した。そして「どうぞまたいつでも来てください。あなたの商売のお役に立てることはわたしたちの喜びですから……」と言った。

横にいたナンシーは「おみやげばかりになるけど、もし良かったら使ってください」と、「STRAND」と名前が入ったトートバッグを僕にくれた。

「フレッドさん、どうしてさっき会ったばかりの僕ごときに、こんなに親切にしてくれるのですか？」

そう訊くと、

「君が本屋である以上、君はわたしたちの家族でもあるのです。本屋は手を結んで助け合わないとやっていけないのです。それは日本でもアメリカでもきっと同じでしょう？」

フレッドさんは大きな手で僕の肩を抱いて言った。「本屋同士は家族である……」フレッドさんの言葉を僕はかみしめるようにして声にした。フレッドさんはうんうんとうなずいた。

III

ニューヨークいちの朝食

旅の楽しみは食事である、と言っても過言ではない。目的地に向かう列車や飛行機の座席で、むつかしい顔をして、いかにも思索に耽《ふけ》っている風の大人に出くわし、時折、恐縮してしまうが、頭の中を覗いてみれば、大概のところ、せいぜい今日は何を食べてやろうか、くらいのことに違いないと思う。正直、大人なんてそんなものだ。かえって子供のほうが深刻なことに素直に悩んでいる。

ニューヨークに向かう機内でむつかしい顔をして考えるのは、アップタウンの西にある『ZABERS』のカフェの朝食のことだ。ニューヨークといえば、旨《うま》いものなど星の数ほどあるけれど、結局、戻ってくるのはこの店の味だ。

ミカは『ZABERS』のカフェで、三年前から働いている。朝五時には出勤し、デリカテッセンの仕込みをし、八時からカフェのカウンターに入る。もともと美容師を目指してニューヨークに来たが、業界の人間関係に疲れ、スーパーマーケットの老舗『ZA-

BERS』の募集を見つけ、レジ係の仕事をはじめる。そのあと、フランス料理とイタリア料理の経験があることから、マネージャーに気に入られ、デリカテッセンとカフェの仕事を与えられた。可憐《かれん》な笑顔に白いコック服がよく似合う姿勢のまっすぐ伸びた女性だ。ミカは常連の名前をほとんど覚えていて、朝八時頃から賑わうカフェの忙しいなか、デヴィッドさん、おはよう。ポールさん、おはよう、とひとりひとりに声をかける。朝早く、朝食をとりに来るのは年寄りが多い。やさしく声をかけられるのが嬉しいから、老人たちは朝刊を抱えて、ミカに会うために店にいそいそと集まる。

ニューヨークに着いた次の日の朝、定宿にしているホテルから歩いて数分の『ZA-BERS』へ朝食をとりに行った。楽しみにしていたのは言うまでもない。一年ぶりだ。八時を過ぎた店内は活気に溢れていた。さりげなくミカを探すと、案の定、常連たちの会話に捕まっていて人気者だった。前に会ったときより髪が伸び、黒髪が栗色に染まっていた。

オーダーの列に並んでいると、僕を見つけたミカは、白いコック服のポケットに手をいれながら近寄ってきて、「ひさしぶり。おはよう」と声をかけてきた。「相変らずの人気者」と応えると、「いつものでいい？　ヤタロー」と訊いた。うんと頷くとミカは、カウンターの中に入り、僕の朝食を作りはじめた。

シナモンベーグルを軽くトーストし、一枚にストロベリージャムとマーマレードを半分ずつ塗る。もう一枚はバターをたっぷり塗る。搾りたてのオレンジジュースを子供用のグラスに一杯。あつあつのコーヒーに、少しだけ冷たい牛乳をいれる。ミカはこんな細かなオーダーをひとつも間違えずに、あっという間に作った。「よく覚えてるなあ」と感心すると、ミカは「当たり前よ」と白い歯を見せた。そして次の客のオーダーを訊いた。「いつものでいい？」と。

旅で一番の楽しみは朝食である。しかも、自分の名前を覚えてくれている店がひとつでもあれば、その旅はとびきりの幸福が約束される。

カメラ屋で出会った老人の話

十三年前の話である。旅先のニューヨークでカメラを購入しようと思い、友人から聞いた『WALL STREET CAMERA』というカメラ屋を訪れた。十三年前といえば、僕は二十五になるかならないか、まあそんな年頃である。そんな節目をきっかけにしてライカでも奮発して買ってやろうと思ったのである。友人いわく、ライカなら『WALL STREET CAMERA』が良いと薦めるのであった。というのは、そこはニューヨークで唯一、ライカ社が契約をするカメラ屋だからだ。

スーツにネクタイというビジネスマンが闊歩《かっぽ》する界隈にカメラ屋はぽつんとあった。何も知らなければ通り過ぎてしまう地味な趣である。ライカ社のお墨付きといえど、街中にあるただの小さなカメラ屋というのに好印象を持った。店の前には大きなむく犬がごろりと寝そべり、客は彼をまたいで店へと入る。もちろん僕もそうして店にお邪魔をした。

『WALL STREET CAMERA』は、完全対面販売の店であった。カウンターがあり、客は順番を待って並んでいる。自分の番になると、客は探しているカメラの機種や、他に何か相談事や修理についてなどを店員に話し、店員はそれに対応していくという具合である。並んでいる間は、客同士であーだこーだと言葉を交したりとなごやかに過ごしている。

僕が並んだ時は、すでに二人の客が前に並んでいた。順番が早く来ればいいなと、ぼんやりしながら立っていると、前に並んでいる背の低い痩せた老人が黒いキャンバスのバッグからカメラを取りだした。バルナック型の古いライカだった。ライカにはM3という名機があるが、それ以前の機種であるから一九五〇年以前のものであろう。老人はそのカメラを手にして僕に話しかけてきた。

「君、日本人かね。このわたしのカメラをどう思うかね？」

「あ、はい、僕は日本人です。古いライカですね。しかもめちゃくちゃ綺麗《きれい》ですね。レンズは何をつけているのですか？」

「昔の日本のレンズだよ。これはニコンの三五ミリだ」

老人は手の平にカメラを置いて、撫《な》でるようにして話した。

「しかしだな。これがピントが合わんのだよ。まったくもって役に立たない……」

「ああ、そうなんですか。ボディとレンズの相性が合わないのですね」

「そうかもしれん。それだから今日はこの店でアドバイスをもらおうと思ってな……」

老人はゆっくりとした口調で話した。

老人の服装は L.L.BEAN のホワイトジーンズにストライプシャツ。足下はビルケンシュトックを履いていた。シャツの胸ポケットにはボールペンや万年筆や鉛筆などが二十本位入っていて、その重さでポケットが前に落ちそうになっていた。そして、半透明の大きなセルフレームの眼鏡をかけていた。

自分の番が来るまでの間、僕は老人とカメラについて二言三言話し、そのあとは他愛ない話を交していた。そうしていたら、どうもこの老人の顔に見覚えがあると気がついた。それがわかったのは、老人に対して、店員が「やあ、アレン！」と声をかけた時である。この痩せて背の低い老人は、ビート詩人のアレン・ギンズバーグだったのだ。

「あのう……あなたはアレン・ギンズバーグさんですよね？」

そう訊くと、老人は、

「はい、わたしはアレン・ギンズバーグです」

と答えた。

「お会いできて光栄です。あなたの詩集はほとんど読んでいますよ」

「ああ、ありがとう。日本の友達よ」

老人は手を差し伸べて握手をし、僕を引き寄せて抱きしめた。

「今度、朗読会はいつ行うのですか？　教えてください。ぜひ行きたいと思いますから」

「えーっと、ちょっと待ってください」

老人はバッグから大きな手帳を出し、「ちょっとごめんよ」と言い、カメラ屋のカウンターの隅にそれを広げた。そして、見開き一カ月の予定表を僕に見せて、「ちょっとここを見ておくれ。どこかに次の朗読会の予定が書いてあるはずなんだ」と言った。世界的に有名な詩人が、見知らぬ人間に自分の予定表をあからさまに見せるなんてと、僕はびっくりしてしまった。そこに書いてある文字は、写真集や詩集で見たことのあるアレン・ギンズバーグの癖のある文字そのものだった。老人はバッグの中から一枚の名刺をとり出し、「ここに電話してくれれば秘書が教えてくれるはずだよ」と言って静かに微笑んだ。

僕は憧《あこが》れの詩人に会えて、握手し、抱きしめられ、こうして会話ができたことに感激して、カメラを買うことなんて、どうでもよくなった。この日の記念にサインをもらおうと、自分のバッグの中をかき回すと、エアメイルの封筒が一枚出てきた。

「アレンさん、これにサインをしてくれませんか」

そう言って、ペンと封筒を差し出すと、

「もちろんいいとも。ペンは自分のがあるから大丈夫だよ」

老人はすらすらと署名し、僕の名前を書いて、真ん中に大きな花の絵を描き、「AH」という言葉を付け加えた。

「『AH』とはどんな意味なのですか？」と訊くと、

「仏教の言葉で『愛』という意味だよ……」

そう言って、チャーミングなウインクをしてみせた。

それから四年後、偉大な詩人はこの世を去った。あの時にもらったサインは、今でも宝物として僕の仕事場に置かれている。

最低で最高な朝食

僕の食生活は、他人と比べてみると相当に単純ではないかと思う。朝食はトースト一枚とインスタントコーヒー一杯のみである。トーストする食パンにこだわりはなく、日本中どこのスーパーでも売っている六枚切りか四枚切りである。八枚切りという薄いものを好む人もいるそうだが、あれはサンドイッチにはいいかもしれないが、トーストにするとラスクかクラッカーのように粉ばかりが落ちてひとつもうまくない。

トーストにはマーガリンをひと塗りする。バターの方が風味があってうまいのは知っているが、朝の忙しい時に前もって冷蔵庫からバターを出しておいて、やわらかく溶かしておくのは億劫《おっくう》で仕方がない。なのでマーガリンである。焼き立てのトーストに塗ろうとした時、バターがかちこちに固まっていると朝から癇癪《かんしゃく》を起こしそうになる。

ホテルの朝食で食べるトーストにバターがついているのは当然であるが、その柔らかさが絶妙だと、僕は機嫌が良くなりチップをはずみたくなる。ニューヨークの『プラザホテル』で二週間、朝食を食べ続けたことがある。あそこのバターは味も風味も柔らかさも絶品である。バターがうまいうまいと僕がウエイターに毎日のように言うものだから、ある朝、顔を見知ったウエイターが「内緒ですが……」とバターを一瓶くれたことがある。それを日本に持って帰って、冷蔵庫に入れておいたら、案の定かちこちに固まってしまって、食べようとした時、ナイフを使っても削れなくて往生した。以来、放っておいたら、保存期限が切れたと家人がいつの間にか捨ててしまった。しばらくしてから六本木の『明治屋』で同じ銘柄のバターが売られているのを見つけたが、あれはニューヨークで食べるからうまいのだと自分に言い聞かせて買わなかった。

ニューヨークのホテルの朝食といえば、アッパー・イーストサイドのマジソンアヴェニュー沿いにある『ホテル・ウェールズ』である。その隣にある『サラベス・キッチン』を僕は行きつけにしている。格調高い『ホテル・ウェールズ』は、ルームチャージが高い割には、部屋が狭く、サービスもいまいちなので好きではないが、隣に『サラベス・キッチン』があるから我慢して泊まっている。一度だけ家人を誘って泊まったが、「あんな狭いホテル二度と泊まりたくない」と叱られた。部屋を我慢するには理由があると説明して、隣の『サラベス・キッチン』へ連れていくと、家人の機嫌がすぐに直ったのは言うまでもない。ちなみにホテルとレストランは連携はしていない。隣同士というだけである。

『サラベス・キッチン』では、トースト、パンケーキ、スクランブルエッグ、スコーン、サラダなどなど、どれを選んでも、とびきりにしあわせな朝のひとときが堪能できる。朝食がうまいと午前中を朝食でつぶしたくなる。要するにゆっくり味わいながら、誰かとおしゃべりしたり、新聞を隅から隅まで読んだり、日記を書いたり、とにかくその至福の時を保とうと思うのである。まわりを見回すと、みんなそうしているから雰囲気がそうさせるのかもしれない。ひとりきりでもウエイターがいくらでも話し相手になってくれるから心配はない。朝食ごときに、何を気取って五十ドル以上かけるのかと言われるかもしれないが、酒をやらない僕としてみれば、旅先で一番金を使いたいのが朝食であるから仕方がない。朝食がうまくないと一日が台無しになるというのが持論でもある。

ということで、我が家の朝食の話に戻りたい。トーストが一枚、インスタントコーヒーが一杯。果たしてこれがうまい朝食なのか。

うまいのである。先にも書いたが、どこにでも売ってる食パンをトーストして、マーガリンをひと塗り。湯気が上がる焼き立てだから歯触りも良くて香りも高い。コーヒーは「ネスカフェ」と決めている。豆を挽《ひ》いて淹れるコーヒーでも、淹れ方や、豆の質が悪ければ、味などあってないようなものである。それを毎朝、気を使いながらコーヒーを淹れるほど僕は暇ではないし気力もない。「ネスカフェ」は安定してうまいのである。

僕が好む単純な食生活とは、最低か最高そのどちらかの食事である。『プラザホテル』や『サラベス・キッチン』の朝食は最高であろう。我が家のトースト一枚、コーヒー一杯の朝食は、言ってみれば最低であろう。しかしどちらも僕にとってはうまいのである。一番まずいのは、そのどちらでもない中途半端な食事である。値段も味も中途半端というのが僕は一番気に入らないのだ。世の中には食事だけでなく、あらゆるものに対して中途半端なものが多すぎると思う。僕は最低の中から最高を見つけたい。もしくは最高をもって最低を知りたい。それはもちろん衣食住すべてにおいてである。中流意識が高い世の中と言われているが、自分が中流であると思うことほど、不幸な人生はないとわからないのが不思議である。

最低で最高、そして「乞食王子」な暮らし。これが僕の生き方であろうと思う。

フランクとマリー

サンフランシスコ北部、グインダ村へ旅をした。宿泊するバークレーから車を走らせる。二時間ほどフリーウェイを北上し、国道に降り、見晴らしのよい山道を行く。いくつか小さな町を抜ける。曲がりくねった一本道。よく晴れた青空に白くまあるい雲がぽっかりと浮かんでいる。車の窓を開けると豊饒《ほうじょう》な土の香りがあたりにたちこめている。

そろそろかな。僕はペンで書かれた地図を広げる。グインダ村の目印は大きなピーカンの木だ。あったあった。近寄ると標識に糸で結ばれた風船がひとつ、ふわふわと風に揺れている。風船には「ウエルカム」とあった。

グインダ村を訪れたのは、靴職人のマリーさんとフランクさん親子に会うためだ。今日僕は新しい靴を注文するためにやってきた。

遠く離れたまばゆい陽射しの中に人影が見えた。フランクさんが手を振っている。「フランクさん！」僕は車を降りて手を振って駆けた。

『マレー・スペースシューズ』との出合いは五年前、サンフランシスコを旅した友人から届いた一枚のエアメイルだった。そのはがきには一足の靴の絵が描かれていた。決してかっこよくない、ぼってりした靴だった。しかしなんとも可愛らしいその姿かたちに、僕の目は釘《くぎ》づけになった。絵の横には「グインダ村のマリーさんとフランクさんの作る靴」と言葉があった。その後、その友人から「石膏《せっこう》で足の型を取り、それを元にその人の暮らしに合った靴を作ってくれるんだ」と話を聞いた。それから一年後、友人の紹介で僕はグインダ村を訪れた。靴の絵と話が忘れられなくて、どうしても訪れたかったのだ。

そのぼってりした靴の名は『マレー・スペースシューズ』といい、マリーさんとフランクさんが一足一足、丹念に手作りするものだとわかった。もちろん僕は靴を注文した。

三週間で靴は航空便で届いた。靴には「この靴が、あなたの暮らしにしあわせをもたらすように……」とマリーさんの手紙が添えられていた。

『マレー・スペースシューズ』を初めて履いた日のことは今でも覚えている。靴に足を入れるとすっと吸い込まれた。立ってみた。たくさんの手で地面から足を支えてもらっている安心感があった。まっすぐ自然と立てた。空に向かって背が伸びていく。二、三歩、歩いてみた。雲の上を歩いているようにやわらかい。ふわりふわりとした履き心地は夢のようだ。自分の足にぴったりと合った靴で歩くことが、こんなに嬉しいこととは知らなかった。僕らは毎日靴を履いて生きている。いわば靴はいのちを支えている道具だ。誰かの手で足を包んでもらっているような優しさに溢れたこの靴を履くと、どこにでも歩いていける、歩いていきたい、という気持ちが心の底から湧いてくる。座っているより立っているのが楽。そして立っているより歩いているのが楽という『マレー・スペースシューズ』は、まさに魔法の靴だと思った。

マリーさんは八十歳。フランクさんは四十四歳。二人が暮らすグインダ村には郵便局と電話会社、小さな雑貨屋が一軒あるだけ。あとは見渡すかぎり山ばかり。山しか見えない。

マリーさんとフランクさんは二十五年前にこの土地を見つけた。ある日、当時暮らしていたカリフォルニア州パロアルトの野菜市場でとても美味しいスイカに出合った。マリーさんはこんなに美味しいスイカはどこで穫れるのだろうとお百姓に訊いた。すると農園はグインダ村にあるとわかった。マリーさんは早速グインダ村を訪ねた。そしてすぐにこの土地に暮らすことを決める。ロシア移民の家系だったマリーさんはぶどう農家で育った。それまで都会で仕事をしながら生活していたマリーさん。グインダ村との出合いによって、幼い頃経験した農園でのささやかな自給自足の暮らしをここで立てようと考えた。

マリーさんが『マレー・スペースシューズ』を知ったのは三十二歳の時。「サンフランシスコ・クロニクル」紙の「どんな足の人でも、快適な履き心地を約束する、あなただけの靴を作ります」と書かれた小さな記事がきっかけだった。都会での秘書の仕事で心も身体も疲れきっていたマリーさんは『マレー・スペースシューズ』のサンフランシスコの工房を訪れて靴を注文した。そしてその履き心地の良さに驚いた。

「あきらかに人間の足のかたちをしたわたしの靴を見て、笑う人はいたけれど、わたしにとっては毎日が夢のように快適だった。こんな魔法のような靴がこの世にあるなんて！」好奇心旺盛なマリーさんは、『マレー・スペースシューズ』の本社があるコネチカット州ブリッチポートを訪ね、その作り方を見学し、自分も手伝いたいと足型作りを教わった。

『マレー・スペースシューズ』は、アイススケート選手だったアラン・マレー氏が、自分の足のけがをきっかけに開発した靴の製造方法をもとに、一九四五年に夫人と始めたオーダーメイドの靴工房だった。

最初の出合いから二十年後のある日、マリーさんにマレー夫妻から電話があった。二人とも高齢になったため『マレー・スペースシューズ』の仕事を継承しないかという申し出だった。その頃、マリーさんは、パロアルトの自宅で、石膏の足型作りだけを請け負っていた。マリーさんはマレー夫妻の申し出を喜んで引き受けた。その時マリーさんは五十三歳。これを機にマリーさんとフランクさんはグインダ村に移って、靴作りをスタートさせた。

『マレー・スペースシューズ』の注文の仕方。まずはマリーさんとフランクさんと約束をとり、グインダ村を訪れる。訪れた人は自宅の隣に建てられたガレージへと案内される。そこにはいくつかの靴のデザインサンプルが並んでいる。テーブルの上にはウィンザーチェア。裸足になってそこに座る。この椅子は王様の椅子、もしくはお姫様の椅子と呼ばれている。マリーさんとフランクさんの問診が始まる。あなたがどんな暮らしをしているか。どんな仕事をしているかなど訊かれる。そして緻密にサイズを測り、石膏による足型作りが始まる。フランクさんが手際良く石膏で足を包んでいく。それをマリーさんがそばで見ていて、座る人に「背筋を伸ばして！」「下を見ないで！」と注意をする。足を触られ、じろじろ見られて恥ずかしがっていると「自分の足を愛しなさい……」と促される。石膏による足型作りはおよそ一時間。それからデザインと素材を選ぶ。素材は革がほとんどだがデニム生地もある。基本のデザインは、横にシューレースのあるモカシンだが、くるぶしまでのショートブーツもある。どれもが愛らしくて可憐で、迷ってしまう。

今回僕は履きなれた最初の靴のタイプの色違いを注文した。

「靴を作っている時、何を考えながら作っているのですか？」とフランクさんに訊いた。すると「作っている時は、その人のことだけを考えている。会って話した時の雰囲気や、目をつむって足を触って感じたことなどを思い出しながら作るんだ」とフランクさんは答えた。「靴を売り渡して終りではなく、私たちは靴を渡してからが始まりなのよ。靴は毎日の道具だから、履き始めた時から私たちとその人はずっとつながっていくのよ」とマリーさんは言った。

マリーさんは小柄な人だが、見るからに芯の強そうな、いかにもロシアのお母さんというタイプの人だ。瞳が宝石のようにきらきらしている。背筋はぴんとまっすぐ。真珠色の髪が美しい。

マリーさんは、ぼくを果樹園に案内して、自分の植えた草花や、果樹をひとつひとつ見せてくれた。アーモンド、くるみ、いちじく、ぶどう、デイツ、さくらんぼ、柿、桃もある。のどかなグインダ村はあくせくと日々に追われる人たちが知らない浄福にあふれている。朝は農園をぐるりと歩いて、朝食用の野菜と、にわとりの卵を一日三個収穫する。一個は自分、二個をフランクさんが食べる。

「靴に名前をつけてあげなさい。靴はあなたの友達になり、お守りになってくれるわ」マリーさんの温かい言葉がいつまでも耳に残っている。

三週間後の昨日、僕のもとに新しい靴が届いた。なんて名前を付けようかと考えている。決まったらすぐにマリーさんに知らせよう。

しあわせな名前を見つけたい。

ショウエンバーグ・ギターズ

好きなものにギターがある。アコースティックである。いつの頃からか音楽に目覚め、様々なジャンルの音楽やアーティストの曲を聴くようになって、自然と好んだのはアコースティックギターを基調とした曲ばかりだった。たとえば昨今人気があるジャック・ジョンソンであるが、彼のスタイルはまさにアコースティックギターの魅力をフルに生かしたものである。これを新しいサーフ・ミュージックであるという見方もあるが、サーフ・ミュージックというのはもっとエキサイティングな、たとえば古くはベンチャーズなどが演奏していたインストゥルメンタルを指す。ジャック・ジョンソンの曲はどちらかというと、カントリーフォークやブルースを現代的に解釈したものであろう。たまたま彼自身がサーファーであり、そのライフスタイルを唄っているので、そのようなカテゴリーが生まれたのだ。更に言えば、ジャック・ジョンソンが登山家であったら、それはマウンテン・ミュージックとでも言われるかもしれない。人というのはすぐにジャンルやカテゴリーに分けたがり、新しい言葉を作りたがる。僕はジャック・ジョンソンの曲が好きであるが、思うに彼はただのフォークシンガーなのだ。

サンフランシスコのティブロンという小さな町に『ショウエンバーグ・ギターズ』というギターショップがある。店主はエリック・ショウエンバーグという知る人ぞ知るギタリストである。フィンガーピッカーの名手として伝説の人だ。

『ショウエンバーグ・ギターズ』を初めて訪れた日のことは今でも鮮明に憶えている。ティブロンまではフィッシャーマンズ・ワーフからフェリーに乗って二十分。フェリーを降りるとそこはサンフランシスコでも有数の高級住宅地だった。町にはレストランやカフェが数軒あるだけ。そのはずれにぽつんと建つ小さな掘っ立て小屋が『ショウエンバーグ・ギターズ』だ。マーチン・ギターが戦前に作った希少なOMモデルをオリジナルで復刻生産した功績もあるギターショップの名店がここなのか。あまりにも簡素で小さな店に僕は驚きを隠せなかった。ドアを開けるとカランコロンとベルが鳴り、店の中にはアコースティックギターが所狭しと並んでいた。店には眼鏡をかけた小柄なおじさんと長髪の若い男がいた。おじさんは親しげな笑顔で「いらっしゃい」と声をかけてくれた。彼がエリック・ショウエンバーグ本人だった。店の壁には子供や家族の写真、そしてこの店で行ったと思われるライブやギター教室の写真が貼られていた。なんてアットホームな店なのだろう。僕がそれに見入っていると、エリックさんはそれが何の写真かとひとつひとつ教えてくれた。日本から来たと告げると、とても喜んでくれて「君はギターを弾くのか」と訊いてきた。「まだまだ初心者ですが、毎日弾いています」と答えると「そうだ、下手でもいいから、毎日弾くことが大事だよ」と僕の肩を叩いた。そして店の奥（といってもドアから五メートルほど）から一本のアコースティックギターを持ってきて、何か弾いてごらんと僕に手渡した。僕は緊張してしまって何を弾いて良いのかわからず、もじもじとしてしまった。あげくビートルズの「ブラックバード」をぎくしゃくしながら弾くと「おお、とてもうまいじゃないか」とエリックさんは褒めてくれた。そして「よし、それでは君に『ブラックバード』を教えてあげよう」と言った。突然来店した僕にエリックさんはギターを教えようとしている。これは一体どういうことなのか。僕が遠慮してどぎまぎしてると、「気にしなくていいよ。エリックは誰にでもこうして教えるんだ。だから君も気楽に教わればいい。まあラッキーだけどね」と長髪の彼が言った。

「いいかい、『ブラックバード』はこうやって弾くと、もっと上手になるから。よく見ててね」

エリックさんがギターを弾きはじめた。ひとりで弾いているとは思えないほど、音色が立体的で豊かだった。ポール・マッカートニーのオリジナルよりうまいと思った。

「『ブラックバード』はいろんな弾き方がある。君が弾いたのもそのひとつだよ。だけど、ポールはこうやって弾いているんだ」

エリックさんはゆっくりとコード進行を僕に教えてくれた。そして「ブラックバード」で重要なのは左手よりも右手であると言った。

途中で長髪の彼も参加し、僕らはおよそ一時間くらい「ブラックバード」についてあれこれとギターを弾いて過ごした。その間、客はひとりも現れず、店は貸し切り状態であった。そんな貴重な体験をした僕は、この店でギターを買って帰りたくなった。見渡すとマーチンに混ざって『ショウエンバーグ・ギターズ』オリジナルがいくつかあった。値段を見ると最低でも三千五百ドルであった。手工ギターだから当然である。その中で魅かれるものがあったので手にとった。それはマーチンのダブルオーサイズのビンテージを復刻したタイプであった。小ぶりでネックの太い、まさにフィンガーピッキング用の一本だ。試奏してみると素晴らしい音色であった。値段を見ると六千五百ドル。正直欲しいと思った。

「これいいですね。欲しいです……」

僕はエリックさんに買いたい気持ちを告げた。すると、

「うーん、それはいいギターであるけれど、君にはすすめられない。今度またおいで。その時に選んであげるから」

とエリックさんは言った。要するにそのギターは僕にはもったいないということだろう。

「わかりました。それではまた来ます。その時に僕にギターを選んでください」

「わかった。今度はいつ来るんだい。その時までに『ブラックバード』をマスターしておくんだよ。来る前に必ず電話してくれ」

エリックさんは僕に握手を求めた。

僕はそれから一年後『ショウエンバーグ・ギターズ』を訪れた。帰りには一本の素晴らしいギターを手にしていた。約束は守られた。

僕はそのギターで毎日「ブラックバード」を弾いている。

旅する少年

小学五年生の頃、僕はわけあって親元から離れ、新潟県の妙高高原の農家で一夏を過ごした。そこで出会ったのが『銀河鉄道の夜』（宮沢賢治）の主人公、少年ジョバンニだった。

昼は畑仕事を手伝い、夜は布団の中で一人丸くなる妙高高原での暮らしは寂しさで一杯だった。友人がいなかった所為《せい》か、読書だけがその寂しさを和らげるものだった。当時、僕は夜が怖かった。だから夜になると本を読んだ。物語を声にすると不思議と怖さは薄れていった。そして時たま夜空を見上げ、ジョバンニが見た大熊座を探したり、小さな星の粒でできた銀河の中の自分を想った。ジョバンニがカムパネルラと一緒に見た本がある。銀河のページを開くと、真っ黒なページいっぱいに白い点々のある美しい写真が広がる本だ。そんな本を自分もいつか手にしたいと思った。そして銀河ステーションでもらうことのできる、円い板のような黒曜石で出来た地図はいつか必ず宝物にしようと思った。宇宙だけでなくどこへでも行ける緑色の切符があれば、ぼくも旅に出るのになあ。僕はジョバンニがうらやましくて仕方がなかった。

十五歳になって初めて自分の部屋を持った。レーシングカーがサーキットを疾走するポスターを壁に貼って、ベッドの枕元にトランジスタラジオを置いた。それだけで少し大人になった気分だった。夜になってその部屋で空想したのが『かいじゅうたちのいるところ』(モーリス・センダック)という絵本の物語だった。母親に叱られたいたずらっ子のマックスは、自分の部屋に閉じこめられてしまう。すると部屋にヨットがやってきて、それに乗ったマックスが旅に出る話だ。僕は夜になると電気を消して、いつかこの部屋にもヨットがやってくるんじゃないかとワクワクした。そのヨットに乗って、かいじゅうたちがいる島へとたどり着くんだ。ああ夢でもいいから旅に出てみたいと願った。

友達っていうのは旅先で出会うんだ。そう教えてくれたのは『ハックルベリー・フィンの冒険』(マーク・トウェイン)のハックだった。ハックにとってジムやトムが親友だったように、旅に出れば僕も友達に出会えるだろうと思った。

十八歳の秋、初めてアメリカのサンフランシスコを旅した時、何を見ようとか、どこに行こうというよりも、友達を作ろうという思いのほうが強かった。「どうして旅に出たいの?」両親にそう訊かれた時、僕は下を向いて答えなかったけれど、本当は「友達を作るために旅に出たいんだ」と言いたかった。知らない土地で出くわす困難や事件は、友達と一緒に乗り越えるんだ。そんな思いを胸に抱いて僕は旅へと出発した。

旅に本を持っていかない時はない。『アルケミスト』（パウロ・コエーリョ）の主人公、羊飼いの少年サンチャゴみたいに、読み終わったばかりの本をまくらにして横になるのは小さい頃から身についた習慣だ。そしてこの次はもっと厚い本を読むことにしようと独り言を言うのもサンチャゴと一緒だった。サンチャゴの人生の目的は旅することだった。さて僕の人生の目的は何だろう？　少年サンチャゴに思いを馳《は》せると、僕の人生の目的も旅ならいいなとつぶやいた。いつも。

使い古したノートのあるページに『アルケミスト』から書き写した文章がある。「宝物を見つけるためには、前兆に従って行かなければならない。神様は誰にでも行く道を用意している。神様が残してくれた前兆を読んでゆくだけでいい。前兆の語る言葉を忘れてはいけない」旅先で幾度、読んでは励みにした言葉だろうか……。

二十一歳の時、恋人が出来た。彼女は「あなたは将来何になりたいの？」と僕に何度も訊いた。そんな時いつもこう答えた。「少年記者になりたい」すると彼女は「もっと、まじめになりなさい」と僕を叱った。僕のいう少年記者とは『タンタンの冒険旅行』（エルジェ）の主人公タンタンのことだ。まじめに答えたつもりだった。

二十一歳の僕はまるで少年だった。望むことは何でも叶《かな》うと思っていた。だから夢を見ることは、あきらめを知ることではなく、いくつもの道筋を作ることだと思っていた。

カナダ生まれのポール・ハーンデンという靴デザイナーがいる。今、彼はロンドンから一時間くらい離れたブライトンという海辺の町で、自分のブランド『Paul Harnden』の工房と自宅を持っている。三年前、僕は旅先のバンクーバーで彼と出会った。その時、彼は『タンタンの冒険旅行』を持ち歩いていた。「どうしてタンタンを持ち歩いているの？」僕は彼にこう訊いた。すると彼は「どうしてだって？　タンタンは僕の友達だからさ」と答えた。「サメマリンって知ってる？　あのサメのかたちした潜水艦」「もちろんさ、あれに乗ることが僕の夢だからね」僕らはそんな夢見がちな話で夜を過ごした。それから一年後、彼から大きな包みが届いた。開けてみると、そこには彼が作ったハーフコートがあった。封筒に入った手紙を読むと「このコートを君にプレゼントします。なぜならこのコートはタンタンが着るコートと同じだから。これを着れば、君も僕もタンタンになれるんだ」と書いてあった。僕はコートに袖を通した。少年記者になりたかった夢がやっと叶ったと思った。

くちぶえのバッハ

ロサンゼルス空港に着き、到着出口を出ると、大勢の人がこの地を訪れる人を迎えていた。迎える人を探そうと、出口から出てくるひとりひとりをみんなで見つめているから、見られる方としては、なんだか照れ臭いような、どこを見て歩いたらいいか、おかしな気持ちになる。リモワを引きながら人混みを抜け、「さて……」と足を止めると、ロビーから離れた柱に寄りかかって片手にコーヒーを持ちながら、新聞を読む彼女の姿を見つけることができた。潮焼けした長い髪を無造作に後ろに結び、ボタンダウンのシャツにディッキーズのパンツ。ヴァンズのスニーカーを裸足で履いていた。一年前の格好とほぼ変わらない。ちなみに彼女は一年中ディッキーズのパンツを穿いている。「ガールズ」というタイプが相当気に入っていて、仕事でもオフでもそれをタイトに着こなしている。まさにロスっ子という感じだ。迎えに来てくれるのは嬉しいが、いつだってこんな風にぶっきらぼうなのが彼女なのだ。一度でも今か今かと待ってくれていたことなんてない。下手すれば車が混んでいたという理由で遅刻すらする。

僕の視線に気がついた彼女は笑顔を見せた。「遅れなくてよかったね」「うん、定刻通り」「車あっちだから。さ、行こ」新聞を小脇に抱えて、彼女は急ぐように先を歩いた。久しぶりなのにハグもないのか。僕はそう思ったが、これもまたいつものことなので諦《あきら》めた。彼女の後ろをスーツケースを引きながら歩くと、ジャスミンのいい匂いがした。彼女の匂いだ。これもまたいつもの懐かしさ。ロスの空は青かった。冬のあたたかい陽射しが心地良かった。

彼女の水色のワゴンのバックスペースに、スーツケースを投げ入れ、僕らは空港を出た。「サーフボードが邪魔でごめん」彼女のロングボードは、助手席のシートの上まで立て掛けられていて、それをずらして僕はやっと座ることができた。車を走らせると沿道に並ぶパームツリーがどこまでも続いた。「今の時間なら渋滞もないから、早く行きましょ。あと三十分もするとこの道は混むのよ」彼女は大きなサングラスをかけてアクセルを踏み込んだ。

僕と彼女は四年前に別れた。彼女はロスに移住し、僕は東京に残った。ロスでサーフィンをしながら仕事をするのが彼女の夢だった。幸いにも日本資本のアパレル会社で募集があり、英語が堪能な彼女はすぐに採用されて夢が叶った。僕はというと、何ひとつ変ることなく東京での暮らしと仕事を続けている。とはいえ、僕らは一年に一度こうして会っている。彼女が東京に来ることがあったり僕がロスを訪れたり。恋人としては別れた二人であるが、恋人以下友達以上の関係があいまいに続いている。僕らはお互いの暮らす土地をときおり行き来し、何をするでもなく一緒に過ごす。彼女に恋人がいるのかはわからない。彼女も僕に恋人はいるのかと訊いたことはない。

「今日はスモッグがなくて気持ちいい日ね」彼女は車を走らせながら言った。「『アボットキニー』でお茶する？　それともまっすぐウチに来る？」「うん、まっすぐ帰りたいな」「わかった」彼女は家があるエコパークへと向かった。

彼女は車の中で音楽をかけない。せっかくのドライブが台無しになるかららしい。風景を見て、街や風の音を聴き、身体で移動という行為を感じたいというのが持論だ。とはいうものの、音楽はある。それは彼女のくちぶえだ。彼女は運転中にくちぶえを吹く。それもかなりの上手さで。

ちらりと彼女の横顔を見ると今日もくちぶえを吹いていた。「くちぶえ一段と上手くなってるね」「そう？　今練習してるのはバッハのトッカータ第二番。それをグレン・グールドの演奏で吹いてるの」そう言った彼女はトッカータを吹きはじめた。グールドの卓越した演奏をくちぶえでやろうってのが彼女らしいと思った。「これは一九七九年のトロントでグールドが演奏したトッカータよ」信号で車が止まってもくちぶえを止めることはなかった。僕は横から彼女のくちびるを見つめ続けた。彼女は「どう？　上手でしょ」と言わんばかりに吹き続けた。僕はそれに答えず、彼女とのいつかのキスを思い出していた。車はシルバーレイクの大きなカーブを曲がって家に近づいた。ふと、このままドライブが終わらなければいいなと僕は思った。さみしさがゆっくりとこみ上げてきたからだ。彼女の吹くトッカータはグールドよりも美しく僕には聞こえた。

車が家の前に着いたとき、彼女は車を止めずそのまま走り続けた。そして「もう少しドライブしよっか」とつぶやいた。

彼女から届いた『ハリー・ポッター』

夏の一カ月と半、パリに遊学するというので、カリフォルニアのバークレーにあるアパートの家守を友人から頼まれた。

三年間付き合っている彼女は、サンフランシスコ市内にあるアートスクールに留学していた。僕らはいわゆる遠距離恋愛だった。彼女が日本に帰ってくることがあったり、僕がサンフランシスコを訪れることがあったりと、二人は年に三、四回しか会うことができなかった。バークレーのアパートで一カ月と半暮らせば、彼女と毎日のようにたくさん会うことができる。そう考えた僕は、友人の申し出を快く受け入れた。ある日、電話でその計画を話すと彼女は心から喜んでくれた。「その間、サンフランシスコでアルバイトしない？　わたしがバイトしていた日本食レストランで人を探しているの。一カ月ぶらぶらしていてもしょうがないじゃん。時給はいいわ。朝から昼のランチまでだから、午後の二時には仕事は終わるから」

「そっか。それもいいかも。なんにもしないで一カ月ぶらぶらしているのは辛いからそうしようか……」

僕は彼女の提案を受け入れた。友人が自由に使っていいよと置いていった車で毎日通えば、朝が早くても苦痛はない。そうやって僕のひと夏バークレー暮らしが始まった。

レストランの仕事は、朝の九時から午後一時まで。主に料理の下準備だった。時給は日本円で千二百円くらい。週払いでアルバイト代をくれた。オーナーも他に働く人も日本人でいい人ばかりだった。

平日は毎日働き、仕事が終わったあとに彼女のアパートに行ったり、どこかで待ち合わせして、二人きりの時間をたっぷりと過ごした。

彼女に会えることで毎日がとても楽しくて、外国で働いているという生活感が、旅人である僕の暮らしをさらに充実させてくれた。

しかし、そんな毎日であったが、どうしても耐えられないことがひとつあった。それは通勤時の渋滞だった。バークレーからサンフランシスコ市内には、ベイブリッジを渡るしか方法はない。朝の通勤時、その道路は激しい渋滞を生み、空《す》いていれば十五分で着くものが、丸一時間はかかってしまうのだ。日本でも珍しいくらいに通勤の車で道路は埋められてしまう。

ある日、そんな渋滞の辛さの愚痴を彼女に漏らしたことがきっかけで僕らは喧嘩《けんか》になった。たまにしか会わないときは喧嘩などしたことがなかったのに、毎日会うようになってから、二人はそれとなくわがままや甘えを相手に見せるようになり、それが小さなきっかけになって喧嘩にまで発展する。その日は修復ができず、別れたままになった。そのあと、近くに暮らしていながら僕らは一週間会わなかった。僕は旅先でひとりぼっちになった。それでも毎日、通勤渋滞を耐えながら、アルバイトを続けていた。朝の辛い渋滞のさなか、退屈な僕は毎日彼女のことを想った。

会わなくなって十日目。郵便が届いた。差出人は彼女だった。開けてみると、封筒からCDが四枚落ちた。小さなメモに書かれた手紙を読むと、「退屈だろうから……車で」とだけあった。

次の日の朝、いつものように出勤し、車を走らせて、彼女から届いたCDをカーステレオに入れてみると、かすかに音楽がスピーカーから流れた。ベートーベンのピアノソナタだった。そして、少し経つと、「プリベット通り四番地の住人ダーズリー夫妻は……」と日本語による朗読が始まった。驚いたことに声の主は彼女だった。それはゆっくりと静かに語られた物語だった。「あのポッター一家のことが……」というくだりのところで、この物語が『ハリー・ポッターと賢者の石』と僕はわかった。本を読んではいないが、いつか彼女が夢中になっていたことを思い出したからだ。

車はいつものように渋滞にはまり、ちっとも動かなくなった。CDから流れる彼女の朗読は続いていた。喧嘩してから会っていない彼女の声の懐かしさと、その物語のこれからはじまる魔法の世界の話に、僕は引き込まれ、渋滞の辛さなど微塵《みじん》も感じることなく、その日はベイブリッジを渡ることができた。四枚のCDには、『ハリー・ポッター』第四巻までの物語の朗読が彼女によって録音されていた。

車の中で聴くラジオや音楽も悪くはないが、物語の朗読というものが、これほど耳に心地よく、また夢中にさせるものだと知らなかった。登場人物に合わせて声色を変える彼女の演技もなかなかだった。

意地を張っていたわけではなかったが、行きと帰りの車中で『ハリー・ポッター』シリーズを聴いている間、彼女に会うことはなかった。しかし、五日経ち、すべての朗読を聴き終わった僕はなんともいえない寂しさに襲われ、ある晩、彼女に電話をした。

「どうだった？　渋滞の退屈しのぎになったでしょ……」

「うん、ありがと。でも、全部聴き終わっちゃったよ。続きをもっと聴きたいな」

「次は『ハリー・ポッターと不死鳥の騎士団』よ。すっごい面白いから」

「ああ、これからそっちに行っていいかな」

「第七巻まであるのよ」

家を出た、僕は彼女のアパートまで車を走らせた。ベイブリッジから見えたサンフランシスコの夜景はとびきり美しかった。運転しながら僕は、第四巻の最後で、ハーマイオニーがハリーにはじめてキスをするシーンを思い出した。

ロサンゼルスのドライブインシアター

ロサンゼルスに来て、一週間が経った。この一週間はあっという間だった。とはいえ、何をしたのかというと言葉に詰まる。定宿にしている『ビヴァリー・ローレル・モーテル』の中庭にあるプールサイドのベンチで新聞を広げ、道路を挟んだデリカテッセンで買ったコーヒーをすすりながらサンドイッチをつまむ。清掃係のおばさんがワゴンを押しながら廊下を歩くのを横目に青い空を仰ぐ。フロント係の交代に何かトラブルがあったようでカウンターの中で二人がもめている。チェックアウトしようと待っている客などおかまいなしだ。このモーテルはいつだってどこかを修理している。今日は屋上に何人かの大工が上り、パネルらしきものをせっせと貼り付けている。アメリカのモーテルの午前中というのは、このようにいつも慌ただしい。ロサンゼルス滞在中の午前はいつもこんな感じで過ごした。

新聞の片隅に、ロサンゼルス最古のドライブインシアターの記事があった。それはフリーウェイを北に三十分くらい車を走らせた場所にあった。すでに四十年ほど前から営業しているらしい。記事を読むと、さすがに今となっては、わざわざ車を乗り入れて映画を観に来る客は少なくなったとある。マニアックな常連もいるらしいが、その存在は忘れ去られた廃墟《はいきょ》のようだと書いてある。残すところ営業日は一週間とあり、そのあとは取り壊されるとのこと。僕は一度このドライブインシアターで映画を観てみたいと思った。それこそ、映画『アメリカン・グラフィティ』を観てドライブインシアターに憧れていたからだ。

上映時間を調べると、最初の回が夜七時からとわかった。当たり前だが、屋外のスクリーンに映写するので暗くなってからの上映だ。僕は五時にモーテルを出て、まずはヴェニスの『ローズカフェ』でパニーニを買い、ポットにハーブティーを淹れてもらい、テイクアウトし、映画を観ながらの食事の準備をした。わくわくする気持ちをおさえた。

北へ向かうフリーウェイは思ったより空いていて、ドライブインシアターにはすぐに着いた。迷わなかったのは巨大なスクリーンが誰にでもわかる目印だったからだ。空はまだ昼間の青を残していた。車をエントランスから進めると、ゴーカートのコースのように道幅が狭くうねった通路があり、その先に料金所があった。時計を見るとまだ六時だった。料金所には人影がなく、ゲートも閉まっていた。仕方がないので開場時間になるまでここで車に乗ったまま待つことにした。

三十分くらい経った頃だろうか、バックミラーに白い車が見え、こちらにするすると近づいてくるのがわかった。どうやら僕のように映画を観に来た客であろう。車は僕のすぐ後ろに停った。バックミラーを見ると、二十歳前後の女性ひとりだった。僕はラジオ局 KCWR を聴きながら、ゲートが開くのを待った。

ちらりとバックミラーをのぞくと女性が僕に向かって何かを言っているような素振りが見えた。ミラー越しに手振りで「何ですか?」というと、また何か言っているように見えた。僕は車の窓から顔を出して、女性に「何ですか?」と声を出して訊いた。すると、女性は大きな声で「ゲートを手で開けて、早く中に入って。ここでいくら待っても誰も来ないわよ」と言った。女性は常連のようだった。言われた通り、手でゲートを上げるといとも簡単に開いた。「入場料はどこで払うんですか?」と訊くと、「二カ月前からここはフリーなの。閉店までのサービスよ」女性は爽やかな笑顔を見せて僕に言った。「そうなんだ、それはよかった」僕は車に戻り、野球場のように広い敷地に車を進めていった。面白いことに、そこは地面が規則性を持たせたデコボコになっていて、車を停めた時に、車の前方が上に角度がつくようになっていた。車が水平のままだと、スクリーンが見えないのだ。敷地の中央に停めて、シートを倒してみると、大きなスクリーンに向かって、丁度よく見える角度に車がキープされているのに、なるほどと感心をした。気がつくと、何台もの車が敷地に入ってきていた。さっきの女性はどこに車を停めたかなと探すと、僕の斜め後ろにいた。ハンバーガーをむしゃむしゃと食べていた。後ろを振り返って、手を振ると、気がついた彼女も手を振り返してきた。いつしか空は暗くなり、星がまたたく夜空になった。僕はパニーニを片手に上映を待った。映画は『ピンクパンサー』だった。それこそ野球場の掲示板のように大きなスクリーンに映し出された映像は大迫力だった。時折、夜空を眺めながら観た映画は最高に楽しかった。

映画が終わって、映画を観終わった人々の車が出口に集まり、それぞれの家路へと向かう様子は、少しばかりセンチメンタルな光景だった。なんだか孤独な人々が自分だけのちょっとした秘密の時間を求めて、ここに集まっていたように思えたからだ。あの女性はどこかなと白い車を探したけれどもうわからなかった。明日も来てみようと思った。

バンクーバーのジル

バンクーバーのメインストリートにある、小さな本屋『クローマ・ブックス』で一週間働いたことがある。

はじめてバンクーバーを訪れたとき、右も左もわからなかったが、雰囲気のよいカフェさえ見つかればなんとかなると思っていた。僕は車をあちこちと走らせ、街中で見つけたカフェを覗き込んでは、自分が思う雰囲気のよいカフェを探した。雰囲気のよいカフェとはどんなカフェなのか。それはまず、朝の時間に出かければ一目瞭然。その第一条件に朝食の美味しさがある。朝、お客で賑わっているカフェは雰囲気がよいに決まっている。

街中をドライブしながら探すのは、カフェだけでなく本屋もそうだ。海外の場合、本屋というのは街のキーステーションのようにその地域の情報が集まっていることが多い。だから、まずは本屋に行って、そこで働く人に「この辺で朝食の美味しいカフェはどこですか？」と訊くと、必ず親切に教えてくれる。そうやって、僕は雰囲気のよいカフェを見つけることが多い。

はじめての旅先で、雰囲気のよいカフェを見つけたら、毎朝決まった時間に朝食をそこで取る。三日目あたりで働く人と自然と知り合いになっているはずだ。そうすれば、夕飯の美味しい食堂や、長居できる居心地のよいホテル、散歩に気持ちいい公園や、毎週どこかで開いているファーマーズマーケットのことなど、旅の時間を潤わせてくれる情報を教えてもらうことができるだろう。

『クローマ・ブックス』のジルという名の青年に教えてもらったカフェが、『ファウンデーション』だった。僕はそこで毎朝九時に手作りジャムがたっぷりと載っかったパンケーキとハーブティーの朝食を取った。二日目の朝、カフェの片隅でジルが朝食を取っているのに気がついた。僕は「おはよう」と声をかけて、一緒に座っていいかと訊いた。ジルは「もちろん」と答えた。

ジルは僕の旅についてあれこれと訊いてきた。どこから出発して、どこを訪ねて、どこへ行こうとしているのかと。「予定はなんとなくあるけれど、別に決めてはいないんだ。もしその街が気に入れば長くいるだろうし、一日で移動してしまうときもある。まるっきり気の向くまま。でも、カフェと本屋は僕の旅のキーワードなんだ……」そう言うとジルは嬉しそうにうなずいて、「もしよかったら『クローマ・ブックス』で一週間働いてくれないか」と僕に訊いた。ガールフレンドのいるニューヨークに旅行したいんだけど、店があるからなかなか出かけられない。もし君が留守番がてら、働いてくれたらとても助かるんだ、と言った。『クローマ・ブックス』は、ジルが親戚のおじさんから受け継いだ本屋だという。その居心地の良さがとびきり気に入っていた僕は、ふたつ返事で引き受けることにした。バンクーバーという街のことをもっと知りたかったからだ。しかしながら、旅人である僕を信用して留守番に頼むなんて、ジルは変わった人だなと思った。

三十九歳のジルにはルーシーという二十三歳の妹がいて、レジまわりのお金については彼女が管理し、それ以外の接客や本の整理、店番などを僕が担当した。そして、ジルからはその期間の寝床となる部屋と車を一台借りることができた。

部屋は店から五分のジルのアパートだ。車はジルが乗っていた赤いワゴン車だった。こうして僕の新しいバンクーバー生活がはじまった。

毎朝、仕事前に僕は『ファウンデーション』にジルの赤いワゴンで朝食を取りに出かけた。四日目くらいの時、親しくなったウエイトレスのリンダという女性に「ジルの車だったら停めるところ決まってるのよ」と声をかけられた。僕は毎朝、カフェのパーキングの空いているところに停めていた。「Jill's と書いてあるから、そこに停めなよ」リンダはそう言った。パーキングを見てみると、壁にスプレーで「Jill's」と書かれた場所があり、丁度車が一台置けるスペースが空いていた。「毎朝、ジルはここに車で来て、朝食を取るけれど、ある日、パーキングが混んでいて車が停められなかったの。それは困るってことで、ジルは一台分のスペースを借りてるのよ。要するに朝食のための駐車場を借りているわけ」リンダは胸の前で両手を組んで言った。

毎日、同じ時間に同じ店で朝食を取るために、駐車スペースを借りていて、その壁に、自分専用と書いているジルのユーモアに僕は笑ってしまった。

次の日から僕は『ファウンデーション』の駐車スペースに車を停めて、朝食を取った。仕事もそうだが、なんだか自分がジルの分身になったような気分でとびきり楽しかった。

ニューヨークのジルは今頃、どんな朝食を取っているのかと、僕は思い浮かべた。

トップガン

視力がとびきり良いのは幼い頃から変らない。暗い場所でどれだけ読書しても、視力が落ちないのは持って生まれた才能と思っている。それが理由かどうかわからないが、眼鏡に憧れる自分がいる。眼鏡をかけている人を見るといいなあと呟き、眼鏡をかけた女性に会うと、すぐに惚《ほ》れてしまう。

話はそっちではない。ロスに自分と同様の眼鏡好きの友人がいる。彼はビンテージ眼鏡を専門に扱うディーラーだ。ビンテージ眼鏡とは、彼曰《いわ》く四〇年代から七〇年代までに作られた眼鏡を指すらしく、特に四〇年代から五〇年代製は、質もデザインも優れていて希少だと言う。

彼の話はいつも面白い。顧客の多くはビッグメゾンのデザイナーの面々だ。「先日はラルフローレンのリサーチャーがアビエーターグラスを大量に買ってくれた。『トップガン』でトム・クルーズがかけてたやつだ。五〇年代の軍正規品で、アメリカン・オプティカル社製、もしくはランドルフ・エンジニアリング社製ならいくつでも買うというから、百以上集めた。いくらで買ったと思う？　ひとつ一五〇ドル。スゲー儲かったよ」と、彼は七〇年代の大きなサングラスをかけて嬉しそうに話した。プラダやグッチ、シャネルなども、デザイン資料として彼から眼鏡を買っている話を聞いていたから、その話にはそれほど驚かなかった。しかしアビエーターグラスは僕も欲しいアイテムだったので、ちょっと口惜しさがあった。

「ひとつくらい余ってないのか？」と訊くと、彼はニヤニヤして「上物だけは残してある」と言った。「じゃあそれを売ってくれ」と言うと、「そうくると思った」と言って、友人価格六〇ドルでひとつ譲ってくれた。ランドルフ・エンジニアリング社製のつや消しフレーム。傷ひとつ無いレンズはダークグレーの本物。確かに上物だった。

喜んで早速かけて、鏡で自分を見ると『マイアミ・バイス』な自分がいた。もしくはコワモテのタクシードライバーだ。「これは日本で、かけられないな」と思った。友人は庭に僕を連れ出し、燦々《さんさん》と輝く空の太陽を見てみろと言った。今の軍正規品よりも、ビンテージものの方が太陽光線をカットするらしい。なるほど、太陽をどれだけ見つめても眩しくないのはほんとうだった。素晴らしい逸品だ。

帰宅し、それをかけた自分を娘に見せると、黙ったまま自分の部屋に入って、しばらく出てこなかった。

テキサスでの再会

ある暑い夏の日。デトロイトからダラスまでを空路で移動し、空港からダラス郊外の町ダントンへと向かった。町までの陸路は車で二時間かかった。旅の目的は古くからの友人アレックスの結婚式に参加するためだ。

二十年前、アメリカから交換留学生として来日していた彼と僕は友人を通じて仲良くなった。

サーファーのように伸ばした美しい金髪に青い目をした彼は、当時日本の女の子からもてて仕方がなかった。しかしテキサスの片田舎で育った彼は、女の子から手紙をもらっただけで顔を赤くするほどの奥手だった。彼女らにとっては、そんな彼の純朴さがたまらなかったのだろうが。

不思議なことに彼と僕の関係は切れることなく続いた。テキサスに帰った後、彼と会ったのは一度だけだ。六年前、ポップコーン会社の伯父さんの仕事の手伝いで彼がロサンゼルスを訪れていた時、タイミング良く僕も仕事でロサンゼルスに滞在していたので、連絡を取り合い待ち合わせをした。僕らはサンタモニカのギリシャ料理屋で夕飯を一緒に食べた。昔みたいに大はしゃぎすることはなかったが、互いの近況を楽しく伝え合った。その他は年に二、三度手紙でやりとりするだけだ。手紙の内容は、他愛ない日常の話がほとんどで、他には互いの国にしかないモノを送り合うことくらいだった。僕は彼の大好きだったかりんとうを何度か送った。彼からは日本で手に入らない雑誌がよく送られてきた。「最近はこんなのが面白いよ」という彼の選びどころは、僕をいつも楽しませた。

春に届いた手紙にこう書かれていた。

「……実は大ニュースがある。八月に結婚するんだ。もしよかったらパーティに来てくれないかな。彼女を紹介したいんだ……」

「……アレックス。もちろんパーティには駆けつけるよ。また会えることを楽しみにしているからね……」

僕はこう返事を書いて、テキサスへの旅の支度をはじめた。

ダントンは人口二千人くらいのスモールタウンだった。町に着いてから彼の家までの道のりは、送ってくれた手書きの地図を頼りにする他なかった。しかしこの小さな町で彼の家を探すのは心配無用だった。給油に寄ったガソリンスタンドの主人に地図を見せると、「そこを曲がってまっすぐ行って、大きな木を左に曲がるとその家は見える」と教えてくれた。そして「道が少ないこの町では迷いようがない」とも言って僕の背中を親しげに叩いた。

　彼が家族と暮らす家は、広大な草原の中に建つ古い農家だった。家が大きなとうもろこし畑を持っているということは昔から聞いていた。大きな空と遠くに見える雄大な山々は、彼の人柄のように静かで美しかった。

　車を家に近づけると、玄関の前で彼が待っているのが見えた。

　車を停めて外に出ると、はにかんだ笑顔の彼がすぐにやってきて僕を強く抱きしめた。

「よく来てくれたね、ありがとう……」

　荷物は彼の弟や妹が運び出してくれた。僕は少し照れながら、彼の家族と抱き合って挨拶をした。数日間お世話になりますと告げた。

　家に入ると、ジェイムス・テイラーの Something in The Way She Moves がかかっていた。彼がジェイムス・テイラーを好きだったことを思い出した。僕はバッグの中からかりんとうを出して手渡した。彼は「そんなものわざわざ持ってこなくてもいいのに……」と言いながらも嬉しそうだった。

　アレックス家は、両親と彼、そして六歳下の弟と、八歳下の妹の五人家族だ。彼はアメリカ人が客に対して皆そうするように家の中を一通り案内してくれた。

　荷物を置いた僕は居間のソファに座って一息ついた。すると彼がひとりの女性を僕の前に連れてきた。

「彼女と結婚するんだ……」

僕は女性を見て驚いた。女性は日本人だった。そしてなんと、僕の知っている女性だった。

「秘密にしていて、ごめん……」

彼はすまなそうな顔をして言った。

「ひさしぶり！」

彼の横に立つ女性はしあわせそうな笑顔で言った……。


彼女と僕は付き合っていた。二人とも二十一歳だった。

出会ったのはバイト先だった。そこは輸入雑貨を扱う会社で、僕は簡単な営業と配達を担当していた。社員のアシスタントで採用されたが、働きはじめてすぐに、業務が忙しくなったという理由で、なんでもひとりでやらされるようになった。仕事は大変なだけで楽しさはなく、帰りはいつも終電だった。アルバイト料は一カ月十九万円前後だった。

今月一杯で辞めさせてもらいたいと、上司に告げようと思った日に、和子が入社してきた。彼女は短大を卒業し、大手商社に一度は就職をしたが、すぐに体調を崩して退職したという。「はじめまして」と笑顔で挨拶をされ、突然握手を求められた僕はドギマギして愛想のない挨拶をした。その日に決心していた辞する言葉はなぜか発せられなかった。

それから数日経ってからのこと。毎日、悶々《もんもん》としながら働く僕に、彼女は時折、声をかけるようになった。

「忙しそうだけど、無理しないでね」

「はい、おせんべい。いただき物のおすそ分け」

「お先に失礼します。頑張ってください」

いつしか僕は社内で彼女の姿を目で探すようになり、見つけると嬉しい気持ちになっていた。彼女のささやかな優しさに僕は救われていた。

彼女と付き合うようになったのは、出会ってから半年くらいが過ぎた頃だ。しかしどうやって付き合うようになったかは思い出せない。仕事の帰りが偶然一緒になり、車で出勤していた彼女に家まで送ってもらったのが始まりだったと記憶している。その帰宅途中、僕は堰《せき》を切ったように今の仕事の不満や将来の希望などを彼女に話した。そして今日は家に帰りたくないという意味を含んだ言葉で彼女を誘った。そしてその日は二人して家に帰らず、ホテルで夜を過ごした。

行きずりでそうなったという後悔は二人にはなかった。とはいえ、相手を好きだという告白もなく、付き合おうという言葉もなく、この日からただなんとなく二人は仲良くなっていった。大抵は彼女が僕の仕事が終わるのを待って、どこかで一緒に夕飯を食べて帰るのが習慣だった。週に二回はホテルに泊まりにいった。

交換留学で日本に滞在していたアレックスは、友人の紹介で出会い、仲良しになったアメリカ人だ。休日になると僕はアレックスを誘って、原宿や渋谷、秋葉原や上野などへと出掛けては東京散策を楽しんだ。美男子のアレックスはどこへ連れていっても人気者だった。そんなアレックスと一緒に歩く僕はいつも鼻を高くしていた。

出掛ける時はいつでも僕と彼女、そしてアレックスの三人だった。トリュフォーの映画で『突然炎のごとく ジュールとジム』という、男二人が女ひとりを愛する映画があったが、まさに三人はその通りだと僕は思っていた。

それからも僕と彼女は肉体関係を持っていた。しかし休日を三人で行動するようになってからはその回数は減っていった。その頃もしかしたら、彼女とアレックスの間に肉体関係があったかもしれない。あっても不思議ではなかった。それを知りたいとは思わなかった。嫉妬心が無かったとは言えないが、もしそうであっても僕は二人を許せた。そのくらい二人が好きだった。

およそ一年間に渡る三人の関係は、アレックスが帰国するまで続いた。アレックスを成田空港に送りに行った時の、彼女の悲しみようは尋常ではなかった。空港から帰る僕らの間に会話はなかった。

それからすぐに僕はバイトを辞めた。念願のアメリカ旅行のためだった。仕事を辞めると、毎日会っていた彼女との関係も自然と薄くなっていった。そしていつの日からか、どちらからも連絡を取ることがなくなり二人は会わなくなった。

僕はアメリカに行く資金を、短期高収入の運送屋のアルバイトで貯め、出発の日を迎えていた。その時、なんとなく彼女に電話して出発を知らせた。

「そうなんだ。頑張ってね……」

彼女は無関心にそう言った。それから僕は彼女と一度も会うことはなかった……。


それから二十年後の今日。

アレックスの結婚式を祝うために、テキサス州のスモールタウン、ダントンまで遠路はるばるやってきた僕を迎えたのが、満面の笑顔を浮かべたアレックスと和子だったから驚きは大きかった。喜ばしいこととわかっていながら、明日、結婚式を行うという二人を目の前にした僕は、ポカンと開いた口が閉まらなかった。

話はこうだ。三人で会っていた頃から二人の気持ちはひとつになっていた。アレックスが帰国したあと、彼女は何度か彼のもとへと会いに行き、少しずつ二人の関係を育んでいった。それからの二人に紆余曲折《うよきょくせつ》はたくさんあったが、今こうしてやっと結婚まで至ったという。

「僕らが出会ったのは君のおかげなんだ。心から感謝してるよ。ありがとう……」

アレックスは僕の手を握って言った。その姿を彼女はほほ笑みながら見つめていた。

僕はアレックス家に一週間滞在した。その間、二人の結婚式が行われるなどして毎日が賑やかだった。僕らは昔みたいに、何をするにも、どこへ行くにも、三人で行動をした。その日々は懐かしさを超えたしあわせに満ちていた。

こうして僕らの二十年越しの三角関係は、新たな道を歩みはじめた。出会いというのはほんとに不思議だと感心した。

N7とリヒテル

マルセイユで仕事を終えた僕とリサは、ルノーR5を駆って、パリへと向かった。ルノーR5はリサの愛車だ。マルセイユからパリまでは八百十五キロの距離があった。

「一頭のキリンがマルセイユからパリまで歩いた話って知ってる？」

ハンドルを握るリサに話しかけると、

「うん、そんな舞台を観たことがあるわ。いや、それは本かもしれない……」

旅役者であるリサは、僕が問いかける本や演劇の話題には大体答えてくる。彼女は勉強家だから何でも知ってるのだ。「あれ何だっけ？」と訊くと、すぐにポンと答えてくれる。

帰り道をハイウェイにするか、国道にするか僕らは迷った。その頃僕には時間がたっぷりあった。急いでパリに帰る理由もなかった。リサは、パリに置いてきたファッションデザイナーのボーイフレンドに早く会いたいという気持ちはあったが、国道でゆっくりパリへと車を走らせるというのも悪くないと言った。

「昔、パリの新婚カップルといえば、マルセイユまで車でのんびりと旅するのが流行っていたのよ。のどかなナショナル・セット（国道七号線）の田舎道をただひたすら走る旅。そんな歌もあったわ」

それもいいなと思った。リサはすでに車をナショナル・セットへと走らせていた。ナショナル・セットを車で走るのは快かった。舗装された道も砂利道もダンスをするように車は滑らかに走った。リサはさっきから「展覧会の絵」のメロディを口ずさんでいた。彼女曰く、それはリヒテルのピアノだという。

「一九五八年のソフィアリサイタルよ」

「グレン・グールドが自著で『リヒテルは天才だ』と書いてるよ」

僕がそう言うと、リサは「ウイ」と頷いて僕の頰にキスをした。

マルセイユからパリまでは、途中リオンの町で一泊し、二日かかった。その旅の間、僕とリサはリヒテルのピアノを口ずさんでばかりいた。リストのワルツを口にしたリサは、ときおり瞼《まぶた》の端に露を浮かばせた。

「タンタタン、タタタタターン」

今でもあの旅で聴いたリヒテルのピアノは僕の耳に残っている。音のあるいい旅だった。

コートダジュールで出合った、ガソリンスタンド兼古本屋

フランスのマルセイユからイタリアの国境まで東へ伸びる、コートダジュールの海岸線の美しさは言葉で言い表わせない。紺碧《こんぺき》の海、黄金色の陽射し、果実が豊かに実る山々。サン・ラファエルからマントンまでのんびりと車を走らせた僕は、まるで地上の楽園に迷い込んだような不思議な気持ちに包まれた。コートダジュールはヨーロピアン

の有名なヴァカンス地。思い浮かべるのは『太陽がいっぱい』のアラン・ドロン。一年中あたたかくて、夏もからっとして過ごしやすい観光地である。

　ドライブの途中、僕はカンヌから海岸線を外れ、山あいの細い道を走った。そしてグラースという小さな町にある民芸博物館を訪れた。その帰り道、給油をしようと海岸線に近いところにあった一軒のガソリンスタンドに立ち寄った。古ぼけた木造の小屋がぽつんとあり、車が三台も入れば、いっぱいになってしまう小さなガソリンスタンドだった。基本的にフランスでは給油がセルフサービスなので、自分であれこれやらなければならないのだけれども、それはそれで馴れてしまえば楽しい。トクトクとガソリンを車に注いでいると、小屋に気難しそうな老人が、椅子に座って本を読んでいるのが見えた。おそらく店主であろうが、僕のことなど気にしない素振りで読書をしている。給油が済み、支払いをしようと挨拶しながら近づくと、老人は読書を邪魔されたからか不機嫌な顔でレジを打った。ふと見ると、驚くことにその小屋はガソリンスタンドならぬ本屋であった。いや、古本屋であった。ガソリンスタンドと古本屋が合体した店といおうか。「あの、ここは古本屋なんですね」「そうだ。ここは古本屋だ」店主は僕をちらりと見て応えた。「ちょっと見せていただいて良いですか？」「うむ、お前、本が好きか」「はい、車で長旅をしているので本が欲しいんです。フランス語は読めないので英語の本はありますか？」「ここは観光地だからな、世界中の本がある。お前の国の日本語の本もあるぞ」店主はえへんと胸を張ってみせた。本の話になったら、さっきまでの店主の不機嫌さは、嘘のように消えていった。このガソリンスタンド兼古本屋は、世界中の観光客が残していった本がたっぷりとある素晴らしい店だった。旅する者が残した本を、旅する者がまた手にする。そうやって、ここに集まった本は旅を続けていく。僕はここでアントワーヌ・ド・サン＝テグジュペリの『夜間飛行』の英語版を求めた。僕が選んだ本を見た店主は「いい本を選んだな」とつぶやいた。そしてひとつひとつ青い紙に包まれたキャンディを、テーブルに置かれた皿からひとつかみして、僕のシャツの胸ポケットに押し込んで「ボン・ボヤージュ」とつぶやいた。その時店主ははじめて笑顔を見せた。

「メルシー、ムッシュー」そう言って車を出すと、店主は顔を上げずに読書に戻っていた。コートダジュールの夜空は、星が満天だった。ドライブは夢心地だった。

これ観てロビーに会うんだ。僕は。

サンフランシスコのオークランドでひと夏を過ごした。それはアメリカが湾岸戦争をはじめた直後で、街のいたるところに戦争反対のフラッグがなびいていた頃だ。蒸し暑い夜、バークレーに暮らす友人から、滞在しているホテルに電話があった。「あのさあ、明日、バークレーで反戦の行進があるから、一緒に歩かないか。『チーズ・ボード・コレクティブ』の連中がピザを差し入れするってさ」「ああ、うん、まあ、行けたら行くよ。約束はしないでおく。サンキュー」そう言って、僕は電話を切った。明日か。週末の明日は、ランドロマットで働く日系中国人の女の子とデートの約束があった。ポーク・ストリートのタイレストランでグリーンカレーを食べて、彼女のアパートでのんびりくつろぐ予定だ。そう、ブローティガンみたいにさ。アロマキャンドルも買っていこう。そんなデートがあるのに、わざわざバークレーまで行って、デモ行進で疲れることあない。ま、ピザには心が引かれるけど……。そう思いながら、窓を開け放した部屋で、僕はギターをかたわらにベッドに転がり、何かの歌を口ずさんだ。そして、いつの間にか、そのまま朝まで寝入った。

ホテルの朝食はフリーだった。僕は「サンフランシスコ・クロニクル」紙をテーブルクロスにして、固くなったドーナツをかじり、コーヒーを口に含んだ。クロニクルには、今日のバークレーの行進のことが書いてあった。これか、と僕は記事に目を落とした。ふーん、何なに、今日のデモ行進には、『ザ・バンド』のロビー・ロバートソンも参加し……。なんてこった。ロビーがシスコにいるってさ。デモ行進に参加するって！　シスコで、大ファンのロビーに会えるなんて信じられない。僕は残ったドーナツを口に放り込み、時計を見た。行進は十一時から。今は十時半。「急げ、バークレーへ！」と僕はBARTの駅まで走った。

その日、僕はデモ行進に参加し、しっかりピザも食べた。しかし、ロビーには会えなかった。実際、ほんとうにいたのかさえわからなかった。これでもかというくらいの人混みに心底疲れ切ってしまった。夕方、約束通り、彼女に会い、グリーンカレーを食べて、彼女のアパートに行った。行く前にレンタルビデオ屋に寄って、「今晩はこれを観よう」そう言って手にしたのは『ラスト・ワルツ』だった。こんちくしょう、ロビーに会いたかったなあ。そういえば、アロマキャンドルも買い忘れた。僕に寄りかかりながら観ていた彼女は「これ、つまんない」と言い、僕より先に寝た。こんちくしょう。

IV

世界いち美しい道

僕は泣いた。山で。涙がぽろぽろと落ちた。街の道は、旅という名目で方々を思うままに歩きに出かけるが、山の道は、めったに歩かない。たまに歩くことがあっても、文字通り脇目もふらずに、目的地にすたすたと直行してしまうのが常だ。だから、山の記憶は、味気ないものしか残っていない。ましてや、山は不慣れだから、気軽に踏み込まないほうが安全だろうと、長い間、極力避けてきた。山は遠くから眺めて、それでいいとしてきた。しかし、何かを理解したいのであれば、遠くから探すな、という言葉が、最近、山を眺めるたびに、頭に浮かんでは消えを繰り返した。

山には一体何があるのだろう？　山に対する、そんな羨望のようなくすぐったい好奇心が、心の片隅に芽生えていたのは本当だ。したいけれど、できない。できないけど、したい。山を歩くことを思い浮かべると、こんな答えにならない気持ちが、胸の中をくるくると回っては終わっていた。

そんな自分が、ジョン・ミューア・トレイル（以下ＪＭＴ）を歩くとは、予測だにしなかった。そして泣いた。悲しくもないのに泣いてしまった。シエラ・ネヴァダの美しい自然を、はじめて目にした感動の一種なのか。それとは全然ちがう涙だ。数日間の山歩きで、自分自身のさまざまな一面を知ることを、観察ではなく、自らの行動によって得たことに、心が敏感に反応をした。すなわちＪＭＴの日々は自分との静かな対話であった。美しい自然に取り囲まれ、対峙《たいじ》したのは、いろいろなことから解放された自分自身の姿だった。

光の多いところには、必ず強い影がある。行けば行くほど、歩けば歩くほどに、足先から膝、膝から腰、腰から胸へと、その深さは増し、その先で出合う、喜びには苦しさが、苦しさには喜びがある。そんなことを、山歩き初心者の僕は、ＪＭＴという最高の舞台である学校でおおいに学んだ。ＪＭＴの授業は、「歩く」という、誰にでも簡単にできる、たったそれだけのこと。

ＪＭＴとは、米国カリフォルニア州シエラ・ネヴァダの大自然を歩き、その美しさに魅せられたジョン・ミューア（一八三八～一九一四）の、自然保護思想と、国立公園の父としての偉業を記念してつくられた、およそ三百四十キロにおよぶ登山道である。標高四千メートル級の山岳地を縦走する、アメリカを代表する、美しくも過酷なトレイルのひとつといわれている。

行程は三泊四日。三百四十キロを踏破するには、最低でも三週間はかかるといわれているJMT。今回はそのうちのおよそ五分の一のコースを組んだ。キャンプにて自炊するために、テント、シュラフ、着替え、食料といった最低限の生活道具一式をバックパックに詰めて、それを背負い、一日に最低でも十五キロから二十キロを歩く。

旅をともにする、教師でありクラスメイトは、ニュージーランド人ガイドのSP(ニックネーム)と、友人の写真家、ほかに二名と僕の計五名。僕と友人以外は、山歩きの経験があり、ひとりは二十五年のキャリアがある山岳ガイドだ。

サンフランシスコから五時間ほど車を走らせ、ヨセミテ国立公園を横断した先にある、スキーリゾートで有名なマンモス・レイクから我々のトレッキングは出発した。すでに標高二千五百メートルの高地であるマンモス・レイク。訪れた七月中旬の日中は、真夏の暑さと、きびしい照りがあった。

食事はどのくらい食べる? 好き嫌いを教えてくれ。

出発前、みんなを集めたSPが、地面に置いた食料を前にして、こう言った。野生の熊に食料を食べられないようにするためのバケツ型の食料容器が二つ置かれている。キャンプ中、食料はすべてこの容器に入れることが義務づけられ、就寝中はこの容器をキャンプ地から最低三十メートル以上離れた場所に置かなければならない。そのすべてが食料を狙う熊対策である。歯磨き粉やスキンローションといった匂いのするものも、テント内に置いてはいけない決まりだ。それらをテント内に置くことは自殺行為とさえいわれている。夜中にお腹が空いた時のために、ビスケットを隠し持つなんて言語道断だ。目を覚ましたら、熊が目の前になんてことが起こりかねない。

ＳＰは我々の顔色を見ながら、これはいる、これは少しでいい、というように経験上の感覚で、パンやマフィン、ジャム、アボカド、ドライフルーツ、パスタ、チーズ、ハム、粉ミルク、クッキー、行動食のスナックといった四日分の食料の量を厳選し、手際よく容器に詰めた。入り切らない食料は、みんなで分担して持った。ひとつ十リットルはある食料容器を二つ自分のバックパックに入れたＳＰは「食べれば軽くなる」と言って白い歯を見せて笑った。パンの包みをひとつ預かり、バックパックを背負うと、からだがぐらりと傾いた。重量は、およそ十五キロはあるだろう。これからの四日間、この重たい荷物を担いで山を歩くと思ったら、急に心細くなり不安になった。平らな道でさえ歩くとよろよろする。「よし行こう」ＳＰはひとつも躊躇《ちゆうちよ》せずに歩きはじめた。

バックパックの中身は、一人用テントとシュラフ、着替え用のソックスとＴシャツ（ともにメリノウール製）がそれぞれ二枚。レインジャケットとフリースの上下。食器とカトラリー。水筒。ヘッドライト。サンダル。タオル。ニットキャップ。歩きながらチューブで水分補給ができる二リットルのハイドレーションパック。洗面道具。日焼け止めと虫よけ薬。小さなノートとシャープペンシル。テントマット。デジカメ。ハーブティー。そして分担した食料。これらが六十リットルのグレゴリーのバックパックに詰められた。

装備は、ブーツにソックス。パンツとシャツ。日よけの帽子にサングラス、トレッキングステッキが二本。タオル。腕時計。山歩きには、装備や道具の重さが大きく影響する。基本とされる必要なもののリストの中から、何を省くのかを考えることから、自分らしく歩くことの一歩がはじまる。人によっては、音楽プレーヤー、読書用の本といった趣味の品も必要かもしれない。歩きに集中したかった僕は、そういったものを一切持ち込まなかった。朝起きて朝食をとり、歩く。昼にランチをとり、歩く。夜、夕飯をとり、寝る。これ以上でもこれ以下でもない、究極シンプルな山の生活で何を学べるのか。それだけを考えた。だから何か余計なものを持っていこうなんてひとつも考えなかった。

楽しみはなんだろう、と考えた。

ひとつは「歩く」こと。歩くことを楽しむためには、なにが必要か。それはどんなに歩いても快適な登山靴だ。そう思った僕は、サンフランシスコ郊外で、足型を使って靴作りをする『マレー・スペースシューズ』の友人フランクを頼った。僕の「歩き靴」はすべて彼が作ってくれた靴だ。早速、ＪＭＴを歩く二カ月前に、彼の工房を訪れ、今回のための登山靴を注文した。山歩きの経験もある彼は喜んで応じてくれた。

登山靴用の足型作りは、時間もかかり特別だった。足型は石膏で作る。まずは脚の筋肉のつき具合を丹念に調べ、足部分については、緻密な採寸を行った。どんな環境で、どんな行程で、どのくらい歩くのか。彼は細かな情報を僕に求めた。僕はＪＭＴの資料を手に、わかるかぎりのことを話した。

出発の一カ月前に登山靴は届いた。通常の登山靴よりも軽く、革はやわらかく、自分の足そのものがデザインの元になっているからルックスは悪いが、雲の上を歩くような履き心地といわれている彼の作る靴だ。足を入れた時の驚くくらいのフィット感に、これから先に予測される過酷な山歩きの不安は、一気に消え去った。防水も完璧だ。この登山靴であれば、このまま世界の果てまで歩いていけそうなくらいの心地よさだった。宝物がひとつ増えた。フランクありがとう。

そしてもうひとつの楽しみは、「食べる」こと。キャンプでの食事だ。山歩きを主としたキャンプだから、味やメニューの贅沢は、求めたくとも求められない。それがわかっているからこそ、どうしたら日々の食事を楽しめるのかを考えた。山では、アルミやプラスチック製の食器や、カトラリーが選ばれる。チタン製もある。しかし、僕は、漆椀と、漆塗の匙《さじ》、栗の木を削った箸《はし》を選んで持っていった。漆椀は、最近、作れる職人が少なくなったといわれている檜《ひのき》のものを、福井県の作家に頼んで作ってもらった。匙は石川県の作家に頼んだ。この漆椀と匙で、水やお茶、スープ、ごはんまですべての食事の用を足した。軽くて、あたたかく、口触りのよさは、いくら簡素な食事であっても、そのひとときを心底くつろいだ気分にさせてくれた。使うことのうれしさ、手に持ち、目にしたときの美しさ、多用できる機能性に、我ながら惚れ惚れした。これもまた宝物になった。

登山靴と食器。このふたつがＪＭＴ登山の道具において、僕の心強いお守りになった。すべての準備が整ったとき、まだ見ぬ山を思って、うきうきした。枕元に、登山靴と食器を置いて、明日の遠足を待って眠る気分だ。

北にはシエラ・ネヴァダの、美しい山々が連なり、遠くに望む雪峰群を眺めながら、炎天下を黙々と歩いた。

マンモス・レイクからシャトルバスで移動し、トレッキングルートの出発点であるレッズメドウから歩きはじめたのは午前十時。なだらかな稜線《りょうせん》を一時間歩いたら、早くも汗びっしょりになり、背負ったバックパックは肩に食い込んだ。しかし、不思議と歩くことの苦痛は感じなかった。登山道の脇に立ち茂るインセンスシダーの甘い香りが気分をよくしてくれるからだろうか。ときたまそよぐやわらかな風。ザッザッという砂利を踏む音。どこかから聞こえる小川のせせらぎ。見上げれば、ひとつもさえぎるものがない広く青い空。足元にはゴマノハグサ科のイワブクロやカステラソウの小さな花が、降り注ぐ陽光に黄金に輝いていた。

山の生活には決まったリズムがあった。朝七時に起きる。朝食をとり、歯を磨くなど身だしなみを整え、テントを片づける。今日一日分の飲料水を作る。これは小川から汲《く》んだ水に、強い紫外線を発する殺菌器具を浸す。一リットルに対しておよそ一分。ハイドレーションパックが二リットルで、水筒が一リットルなので、殺菌作業は、出発前のちょっとした仕事だ。シエラ・ネヴァダではどんなにきれいな水でも生水を飲むのは危険だという。支度を終えて、十時に出発できれば上出来だ。一時間歩き、三十分の休息。また一時間歩いてランチをとる。午後も一時間おきの休息のペースを繰り返す。一時間に四キロのスピードで、一日およそ十六キロ。夕方五時にはキャンプサイトを決めて、テントを張る。七時頃に夕食。八時にはそれぞれがテントに戻って就寝。食事はすべてSPが腕をふるって調理する。朝食はスープとパン。ランチはサンドイッチ。夕食はパスタ。一日目は疲れと緊張のせいか食欲が湧かず小食であったが、二日目からは空腹が感じられ、体力補給のためか大食いになった。キャンプサイトは水の補給が必要なので、湖や小川の近くを選ぶ。そのため、蚊が多く、常に自分のまわりに何百匹もの蚊がまとわりついている状態が続く。馴れているはずのSPもこれには辟易《へきえき》した。温暖化の影響だろうか、今年は特に蚊が多いと愚痴をこぼした。顔をネットで覆った登山者とすれ違ったが、JMTの日々は蚊との戦いでもあった。虫よけ薬を塗った肌の露出しているところは刺されなくても、虫よけ薬の塗れない服の上から刺されるのでたまったものではない。服を脱いだときにその刺された痕の多さに驚かされた。歩きながらも常に顔のまわりを飛び回る蚊を手でよけなければならない辛さは相当だった。標高三千メートル近くであっても、小川などが近くにあれば、蚊の大群は待ってましたと必ず人間を襲ってくる。日焼け止めのクリームと、虫よけ薬が、常に肌に塗られている不快感も辛い。当たり前だが、山にはシャワーもないし水道もない。貴重な水を使って、歯を磨き、顔を拭くのがせいぜいなことで、小川で裸になってからだを洗うなんて、蚊の大群に襲われることを思うとできっこなかった。JMTを歩くには、蚊に襲われる試練に耐えなくてはならない。とにかくいつでも大小の蚊が待ち受けている。

JMTの一日には四季があり、晴れも曇りも雨もある。山では当たり前かもしれないが、何も知らない初心者には戸惑うことがある。それは一日の中での寒暖差だ。7月中頃のシエラ・ネヴァダ。朝は、秋から冬にかけての肌寒さがありダウンジャケットや厚手の上着を必要とする。日中は、かんかん照りのいわゆる夏の暑さで肌はじりじりと焼かれる。帽子がなければ熱射病にもなる。夕刻にかけては、少しばかり春のさわやかさがあり、日が暮れてからは、段々と寒くなり冬となる。午前三時頃はシュラフにくるまっても寒いくらいの零度の真冬。こんなふうにJMTでは、一日を通して春夏秋冬がある。しかも、夏のシエラ・ネヴァダでは雨は降らないといわれていたが、ある日の昼、スコールのような雨に何度か見舞われた。そんな日は体力の消耗が激しく、からだの節々はけだるく、ときどきは痛みが伴い、呼吸も苦しくなった。雨がやむと、また日照りがあり、暑いからせっかく着込んだレインジャケットを脱ぎTシャツ一枚になる。僕はげんなりとしながら歩いた。こんな日は、暑さでへとへとになった。

僕はつねに最後尾を歩いた。先頭はガイドのSPだ。最後を歩くから休息地に着くのも一番最後だ。僕はみんなより歩くのが遅いので、何百メートルも遅れて歩く。まるで象のようにしか歩けない。

休息地でようやくひと息ついた僕を、少し離れたところからSPはいつも慈しみ深い目で見ていた。声はかけない。ただ見ているだけだ。一見冷たいようだが、それが山での流儀であるというのは後になってわかった。山のいいところは、そこではなりたい自分にいくらでもなれることだ。弱くもなれるし、強くもなれる。やさしくもなれるし、いじわるにもなれる。もしSPがやさしい言葉をかけ、僕のペースに合わせようとしたら、予定の行程を歩き抜くことはまず無理だろう。目標とするキャンプサイトに着くことも難しくなる。やさしくされれば、当然その人間は弱くなり、甘えてしまう。休んでいい、と言われたら、ずっと休んでしまう。ＳＰは僕を強くするために、どんなに僕が辛い素振りを見せようとも、それが当たり前のように平然と振る舞った。

ＳＰは木彫のような顔で、ひたすら遠くから僕を見つめていた。ＪＭＴの山歩きで「頑張れ」という言葉は、誰の口からも発されることはなかった。確認したわけではないが、きっとそれが山歩きの気遣いであろうと思った。後になってからＳＰから聞いたのだが、どんな経験者であっても、初日は疲労して歩くのが辛いらしい。二日目、三日目になって、歩くのに馴れてきて楽しくなるという。そういえば、二日目のランチのあとの僕の歩きは快調だった。その頃、ようやく山に馴れたのだろう。それまでは、疲労のため足元しか見られなかった自分に、ときおりＪＭＴの美しい景色を楽しむ余裕が生まれ、たとえば、大きな地層の溝らしき場所を、大きく迂回しながら、その巨大なすり鉢のような景色を眺めると、この大陸がどんなふうにして作られたのかがわかるような気がして興奮を覚えた。

不思議なもので、もうだめだ、歩けないと思うと、ぎりぎりのところで何かひとつご褒美のようなものが現れた。それは息を飲むくらいに美しい景色であったり、かわいらしい小さな草花であったり、マーモットといった小動物であったり、爽快なそよ風だったりといろいろだ。星のように急がず、しかし休まず、僕はＪＭＴを歩いた。

トイレは草むらか、森の中でする。当然、山にトイレはない。大も小も、自分でその場所を探さなければならない。できるだけ小川などから離れた木陰などで、スコップを使って十五センチほどの穴を掘る。大便はその穴に落とす。そして土をかけて埋める。使ったトイレットペーパーは必ず持ち帰る。燃やしてしまう方法もあるというが、JMTでは禁止されている。どんなものでも、すべて持ち帰ることが原則だ。山歩き中、僕は二回の穴掘りを経験した。後に友人から三回と聞いたときは、なぜかくやしく思った。

基本的に人間が立ち入ることすら問題視されるJMTの自然保護は、厳しく徹底されている。この場所では、人間という存在は完全に外部からの招かれざる侵入者だ。ときおり、山歩きの途中、石が積み上げられていたり、誰かが何かの目印としたサインのようなものを見かけたが、SPはそういった作為的なものを見つけたときは、ことごとく壊していった。最初はどうして？　と思ったが、考えてみればガイドとして当然の行為だ。ここは本来、人間立ち入るべからずの自然保護地域だ。人の手によるものなどあってはならない。

三日目の午後、僕は倒れた。キャンプ地のパープル・レイクを発った三日目。我々は今回の山歩きの最大の難所のひとつ、マッギー・パスを目指した。標高は三千メートルを越し、上りや下りのスイッチバックが繰り返された。この日は天候も悪く、冷たい霧雨が疲労したからだの体温を容赦なく奪っていった。山馴れしていない僕は自分の体力を気にし、高山病にならないようにこまめに水分補給をしようと心がけた。それでも標高三千メートルの急斜面は僕の心肺機能を苦しめた。大きく息をしないと酸素が取りこめない。ぜいぜいと息をしながら、少しずつ前に進むしかなかった。

午後の休息時、SPは、今日頑張ってマッギー・パスを越えるか、もしくは、今日は無理をせずに、早めにキャンプをし、明日の朝いつもより早く出発し、マッギー・パスを越えるか。どちらでもいいので選んでくれと言った。要するに、今の体力と気力を計って、今日頑張るか、明日頑張るかを自分で選べということだ。僕は、今日頑張って予定通りの行程で進みたいと答えた。重要な選択についてSPは、一番疲労している僕の意見を常に求めた。どうするのかを決めたのは、自分であるという行動の責任を持たせるということだ。さもないと、ガイドに嫌々歩かされているという状況にも陥る。

四時を回った頃、予定していた地点には、辿《たど》り着けなかった。樹木は一本も生えてなく、生物の気配がない花崗岩《かこうがん》の断崖に囲まれた景色が延々と続いた。巨大な岩石が行く手を阻む、荒涼とした渓谷の、石の重なりの悪い道を延々と歩いた。僕の歩きは、みんなから相当遅れていた。そのときだ、急に胸が締めつけられるような痛みに襲われ、僕は倒れるようにしてしゃがみこんでしまった。息ができず、ものすごい頭痛と吐き気をもよおした。ＳＰは即座に「今日はここでキャンプをしよう」と言った。これ以上、前に進むのは無理だと彼は判断した。

見渡すと、そこは地表が雪で覆われた雪山の世界だった。谷底が氷河に覆われた場所に我々は立っていた。ＳＰは手際よく僕のバックパックを下ろし、テントを取り出し、目を見張るような速さでテントを張り、マットを敷き、シュラフを置いた。「早く横になれ」と言って、僕を寝かした。頭を一ミリ動かすだけで、ものすごい頭痛に襲われる状態の僕は、雪の上のテントの中で、ただ横になっているしかなかった。次の日の朝まで、シュラフの中で丸くなり、疲労と症状の回復を待つしかなかった。およそ十五時間、僕は身動きできずにテントから一歩も外に出なかった。長い夜だった。

朝になり、やっとの思いで起き上がり、テントの外を見ると、みんなは輪になって朝食をとっていた。あたたかいお茶が飲みたくて、輪に近づくと、みんなは明るく「おはよう」と言い、あたかも何もなかったように、僕の座る席を作ってくれた。「十時出発だな」ＳＰは言った。ドライフルーツを浮かべたハーブティーを飲み干すと少し元気になった。食欲はなく、朝食はとれなかったが、今日はまた歩けると思った。美しい朝陽に照らされながら、みんなは黙々と出発の支度にかかった。テントや装備は、雪に濡れてずしりと重たかった。歩くしかないんだ、と青い空を見上げてつぶやいた。

歩くことで学んだこと。孤独な山歩き。山歩きは辛い。辛いのになぜ歩くのか。それを考えながら歩いた。辛い辛いと思いながら歩くくらい、本当に辛いものはない。それは人生と一緒だ。歩くことをいかに楽しむのか。歩くという行為をどう理解するのか。いわばその状況の自分をどう納得させるのか。山歩きはフィジカルな行為でないことは確かだ。単にフィジカルな行為であれば、ジムの運動で事が足りるだろう。高いところへ行きたい。地図を読んでいるだけではわからない見たことのない景色をこの目で見てみたい。それもひとつの目的であろう。しかし、山歩きの神髄とは、美しい景色を見るという楽しみだけではない。歩くこと、それはすなわち、今を生きている実感であり、自分のいのちのありかを確かめる行為といえよう。

山を歩いていて感じたのは、今自分は、自分自身の心の中を歩いているのではなかろうかということだ。この山あり谷ありのさまざまな風景は、自分の心の中の風景ではないかと何度も想像した。

山歩きは孤独である。仲間と一緒に歩いていても、歩き出せばそれぞれが個人の世界に少しずつ入り込み、静かな歩みの中で、人生という道を、前を向いて歩いている錯覚を覚える。そして、山歩きというのはひとつの音楽のようで、おだやかで強く、リズミカルで激しい。されどときおり、ふわふわと夢の世界を歩いているような気分を抱くときもある。はっきりしているのは、常に何かに守られているような感覚があったことだ。

そしてまた、辛ければ辛いほどに、出合える美しい景色が、必ずあるというのが、とても人生的だ。美しい景色が見たければ、その辛さを乗り越えろということだ。それは宗教や思想にとらわれない、とても人間らしい、自由で正しい精神だ。山には、既存の枠というものがまったくなく、あらゆる状況下において自分自身を試される機会にあふれている。自分の弱さや強さ、やさしさや誠実さ、正直さや偽り、美しさと醜さ、好きと嫌い、愛情と憎しみ、そういった普段、蓋をされて表に出ることのない真実が、歩くという行為によって、はっきりと見えてくる。できれば向き合いたくないものと、向き合わざるをえない試練。誰でも心の中には余白を持っているだろうが、その余白の広さを、黙々と手探りで歩きながら、探し物をするような感覚が、山歩きにはある。結果、嘘やごまかしで偽ることのない自分と出会うのだ。

頂上に立ってうれしいとき、上りの辛いとき、夜の寂しいとき、何を想うのか。シュラフの中でからだを丸めて、閉じた目の奥に誰の顔が浮かぶのか。たったそれだけでも、普段の生活ではわからない自分自身を発見できる。

山を歩く人を見て、粧《めか》さず、磨かず、されど美しく、という言葉を、何度も思い浮かべた。ひとつわかったことは、答えを見つけようとせず、大切なのは、ひたすら楽しく歩くこと。歩きつづけることだ。一歩前に進めば、いつかどこかに着く。ＪＭＴを歩きながら、あるとき、それでいいんだ、と達観できた。答えなんてどこにもない。それ自体を楽しむ心持ち、そして少しばかりの勇気が、いろんなことを解決してくれる人生の知恵だ。そしてもうひとつ、荷物は極力少ないほうがいい。装備や道具だけではない。背負いきれない心の中の荷物を軽くすることだ。自分らしく軽やかに歩くためには、できるだけ身軽でいたい。高いところに行きたければなおさらだ。もうこれ以上減らすものはないと思った僕ですら、なくてよかったものがあった。JMTはそれを僕に教えてくれた。

何かをたくさん持っていることは、なるほど素敵だ。しかし、その持っているものを理解していなければ、持っているとはいえないだろう。そうやって、自分自身を見つめ直し、不要な荷物を捨てることができたJMTの旅だった。

ジョン・ミューア・トレイル。僕は世界いち美しい道を、およそ七十キロ歩いた。涙は誰にも見せていない。居心地はよかった。

はじめてのロンドン散歩紀行

「ニューヨークやパリも散々行ったけれど、やっぱりロンドンが一番いいね」

　旅を仕事にする仲の良い友人が、僕にこう言った。意外だった。イギリスはポンドも高いし料理も美味しくないと聞く。物価が高くて、食事が美味しくないなら、何が良くて友人はロンドンが一番好きと言うのだろう。僕は不思議でならなかった。そう言った友人は、僕と会った休日の昼下がり、優雅に紅茶を飲んでいる。まったくイギリスかぶれで癪だ。僕はロンドンを旅したことがない。だから黙っているしかなかった。

　そんな僕がロンドンへ行ってきた。四十歳になってはじめて旅するロンドンだ。

　宿泊はセント・ジェームズ界隈の『デュークス・ホテル』を選んだ。ロンドンで評判の高いスモール・ラグジュアリーホテルのひとつ。タクシーで向かうと細い路地の突き当たりにホテルはあった。こぢんまりして簡素だが、歴史を静かに感じさせる建物だった。ユニオンジャックがエントランスになびいている。チェックインするとティールームでアフタヌーンティーのもてなしがされた。こんな心遣いによろこんだ。ソファに身を沈めると、ロンドンのやわらかい陽射しが旅の疲れを癒してくれた。時計を見ると午後の六時を廻っている。まだ外は明るいが今日はホテルでゆっくりと休もう。明日からのロンドン散策が楽しみで仕方がない。

　朝はとびきりに晴れた。ホテルで朝食（とても美味しかった。特にフルーツの新鮮さに驚いた）をとってから、ナショナルギャラリーへと向かう。ロンドンは美術館の宝庫だ。そしてそのほとんどの入場料が無料。素晴らしい。であれば、ロンドン美術館巡りを存分に味わいたい。そうやって歩き回って、僕なりのロンドンを発見したいと思う。

ホテルからトラファルガー広場にあるナショナルギャラリーまで気持ちよく歩く。道行く人々は皆颯爽としていてスタイリッシュ。さすがロンドン。街並みはさすがに歴史を感じさせる石造りの美しい古典建築が並んでいる。ロンドンは散歩だけで相当楽しいと言った友人の言葉に素直に頷けてきた。

ナショナルギャラリーは、実業家ジョン・ジュリアス・アンガースタイン（ロイズバンクという銀行で活躍した）の個人コレクション三十八点をもとに、一八二四年に設立された世界最大級の美術館だ。僕には目当てがあった。ルーブル美術館にも同様の作品がある、ダ・ヴィンチの「岩窟《がんくつ》の聖母」（一四九一〜一五〇八頃）。そしてホルバインのマスターピースと言われている「大使たち」（一五三三）。だまし絵で有名な神秘的な作品だ。他にもレンブラントなど、長年の憧れが一気に果たされた興奮に包まれながら、僕は広い美術館を自由に彷徨《さまよ》った。楽しい。イギリスで最も人気が高い、ターナーの作品の多さにも驚かされた。

ナショナルギャラリーのすぐ横に、ナショナル・ポートレートギャラリーがある。友人いわく、ここは観た方がいいとお墨付きだった。その名の通りイギリス人の肖像のみの美術館だ。一八五一年ロンドンで開催された万国博覧会をきっかけに、作られたという。一八五六年にシェイクスピアの肖像画がはじめて展示されたことでも有名。ここで一番古い肖像画は、一五〇五年に描かれたヘンリー七世。まさに壮大なる英国史そしてその暮らしが知れる希少なコレクションに感嘆。

ランチはナショナル・ポートレートギャラリーのペントハウスにあるレストランでとった。なんと、ここのサラダプレートに舌鼓を打った。実に旨い。イギリス料理がまずいという噂《うわさ》はほんとうかと僕は疑ってしまう。

その足で、テイト・ブリテン、そしてテイト・モダンへと向かう。時間を忘れてしまう楽しさで満ちたロンドン散策。ロンドンを歩くということは、美術館を歩きまわるということでもある。そのくらいにロンドンの街に美術館が溶け込んでいるのだ。テイト・ブリテンでは、ジョン・ウィリアム・ウォーターハウスの代表作「シャロットの女」（一八八八）に、しばらく目が釘付けになった。そしてターナールームに展示された、画家の使い込まれたパレットや、スケッチが描かれたノートに深く魅了されてしまった。

ロンドンの美術館、または博物館巡りは何日あっても足りないだろう。大小合わせると計り知れないくらいに存在する。とはいえ、僕が絶対に観たいと思っていたのが、サー・ジョン・ソーン博物館である。サー・ジョン・ソーンは、イングランド銀行を設計したことで知られる建築家だ。その彼が亡きあと、自宅がそのまま博物館になっている。中に入ると古代の彫刻や建築物のパーツが所狭しとこれでもかと置かれている。ロンドンで最もエキセントリック（個性的または変ちくりん）な博物館といわれるここだが、いくら貴重な物ばかりとはいえ、個人コレクションをそのまま博物館にしてしまうのもロンドンらしいといえよう。そしてまた、あくまでも個人邸であるから展示の仕方が大変工夫されていて、扉の中にまた扉があるような仕掛けだらけで、驚きと可笑しさで開いた口がまったく閉まらない。今回ロンドンで訪れた場所の中では、サー・ジョン・ソーン博物館が一番面白かった。何日通っても飽きない穴場だ。

美術館巡りの最中に、古書店巡りも忘れなかった。トラファルガー広場から少し歩くと、セシルコートという百メートルほどの小道がある。ここがロンドン唯一の古書店街だ。二十軒ほどの古書店が並んでいる。本に興味がある人なら軽く二時間は楽しめるだろう。アンティークや古いコイン、古切手なども探せるのでおすすめだ。

ホテルのあるセント・ジェームズ界隈には老舗が多い。シャツで有名なターンブル＆アッサー、煙草屋のダヴィドフ、ダンヒルなどなど。そぞろ歩きするには格好のエリアだ。僕は一六七六年に創立された王室御用達のロック帽子店を訪れた。店の外観はいたって地味で、間口は狭く、中に入ると奥行きが広いというロンドンの老舗ならではの店構え。店の片隅にはネルソン提督が被ったのと同じ帽子が展示されている。僕はここでフェルト・ハットを買った。四十歳になってはじめて旅したロンドンの思い出になる品が欲しかったのだ。親切な店員が大きな機械式の器具で僕の頭のサイズを計ってくれた。

そして一番フィットするサイズの帽子を選んでくれた。

「若いうちは様々な遍歴をすべきだ。それが人生の糧になる。しかし四十歳を超えたら、セント・ジェームズを訪れてみるべきだ。そうしたら自分の遍歴は終わる。それからの生涯はここにとどまるだろう」

ターンブル&アッサーの支配人、ケネス・ウイリアムズは自著でこのように語っている。

僕のはじめてのロンドンは始まったばかり。まだまだロンドンの旅は続くだろう。ロンドンが好きかって？　好きにならないはずがないだろう。僕はロンドンに生涯とどまるかもしれない。

ある日の待ち合わせ

台北市に『明星珈琲館』という伝説の文学カフェがあると教えてくれたのは、サンフランシスコのバークレーで出会った台湾人の女性だった。

「良かったら一年後の今日、そこで待ち合わせをしない？」と彼女は言った。

武昌街という町にある『明星珈琲館』は、台湾の文士たちが集い、語らい、執筆した、およそ六十年の歴史があるカフェだという。

僕はふたつ返事でうなずいた。一年後の待ち合わせ。場所は海を越えた台湾の街角だ。胸がわくわくして仕方がなかった。

彼女とはそれ以来、一度も会わず、待ち合わせについての連絡もとらなかった。わかっているのは一年後の日付と場所。そして、彼女の透《す》んだ笑顔だけだった。

一年は早かった。五月のある日、僕は台湾行きの準備をはじめた。成田を朝出発すれば午後早くには台北に着く。空港から『明星珈琲館』まではタクシーで四十分もあれば充分だ。とにかくその日にカフェで待っていれば、きっと彼女に会えるだろうと思った。

待ち合わせには、いつも本を持っていく。文庫本が多い。小さくて便利だからだ。今回はどのくらい待つかわからないから五冊ほど選んで鞄《かばん》に詰めた。

待ち合わせの時に読む本は、随筆やエッセイ、または詩集がいいと思っている。長い文章の小説は読みはじめて夢中になると、相手が現れた時に読書が中断されてがっかりしてしまう。がっかりするだけならいいが、それが顔に出てしまうとばつが悪い。そう思うと、気軽に読める随筆やエッセイは、一篇が短いから中断されても心配ない。言ってみればそれは、待っている間、おやつをちょこちょことつまみ食いしているようなものだ。その手を止めればいいだけの話である。しかし小説となると、ちょっとした一皿だから箸を置くことすら一大事で始末が悪い。随筆やエッセイが苦手でどうしても小説を読みたいのであれば、短篇で我慢した方がいいだろう。

最近の僕は待ち合わせに詩集を持っていく。たった一行の詩を何度も読んで、あれこれと空想を巡らせるのは待っている時間を忘れさせてくれる心地よさがある。詩には気持ちをぼんやりさせる効能がある。ぼんやりとしながら相手を待てれば、その待ち合わせはいたって幸福だろう。ふと気がついたら相手が現れていたという感じだ。あまり没頭したくないということならば、小さな写真集や画集もいいかもしれない。

『明星珈琲館』に着いた僕は、白いレースのカーテンがかかった窓際の席に着いた。ここがいいカフェだとすぐにわかった。店は静かで近所の人々のあたたかい憩いの空間としてあった。僕は鞄から文庫をとり出し、そっとページを開いた。台湾の珈琲は苦くて香り高かった……。

美しいとはなにか

詩人のホイットマンは、いよいよ病気で死ぬとなった時、彼ともあろうものが、さんざん苦しみ抜いて死んでいった。苦しいとか痛いとか、死にたくないとか、さんざん駄々をこねて死んだらしい。看取った人たちは、こんなに偉い人でもこうなるものかと味気なく思ったという。このように人間というのは、痛ければ痛いと叫び、苦しければ苦しいとのたうち回る、そうしながら、なんとかそれを乗り越え、克服しようと生きる動物である。

いつか読んだ、高村光太郎の随筆に書かれた一節を、想い出して書いてみた。うろ覚えであるが内容は違っていないと思う。

高村翁が言うには、水は冷たい、草は緑、空は青。それをそのまま受け入れてそのまま出す。それが生きるということ。だから自分の詩は、日々の暮らしと密接したつぶやきである。

『高村光太郎詩集』。出合いは中学生の時だ。懐疑心が強く、反抗的な少年だった僕の冷たく凍った心を溶かしたのは、高村翁の詩のひとつひとつだった。

生きるというのは、泣いたり笑ったり、悲しんだり苦しんだりしてゆくこと。ただその中で慰められるのは、僕らは美しいものを感じて、美しいものを作って生きていける。世界は醜いものに満ちているからこそ、人間は美しいものに憧れる。そして人間以外のものはみな美しい。ならば、君はどうやって生きていくのかと、やわらかく問うてくれた。そして美しいものは遠い向こうにあるのではなく自分の中にある、と教えてくれたのも『高村光太郎詩集』だ。さらに学んだことは多い。美しさにとらわれてはいけない。いいものをいいものと思わないで日常に使うこと。それを気にしなくなれば美しい。美しさとは役に立つということ。日常で役に立てば立つほど、それは美しくなる。道具だけではなく、行動、人間関係、仕事、すべてにいえること。

収められた詩篇「最低にして最高の道」「或る墓碑銘」「当然事」「焼けない心臓」。僕にとっての絶体絶命の道がここにある。そして駄々をこねて生き抜く心の支えに、高村翁の一筆「正直親切」がある。

出合いから二十五年経つが、旅の日々、座右から離れることない一冊である。

アリスとの旅

今朝早くケイトは『アドビ・ブックス』へ出かけていった。今度のグループ展「Peace Show」の打ちあわせらしい。弾んだ声で「行ってくるね」と言い残し、裸足で歩いていった。アパートから五分以内のエリアであれば、靴を履かないのが彼女の日常だった。

今や多くの人が「アドビは現在のシティライツだ」と言っている。この本屋はコミュニティとしての役割を果たすことのできる、今やサンフランシスコで唯一残された場所だ。コネクションであったりフレンドシップであったり、インテレクチャルなつながりというか、この街を彩るミューロ（壁絵）も含め、とても自由でクリーンなムードが『アドビ・ブックス』にはあった。

部屋でひとりになった僕はいつものように窓辺の椅子に座って、ぼんやり表を眺めていた。通りの向こうを友人のアリスがギターを持って歩いている。僕は大きな声で呼ぼうかと思ったが、案の定、すぐに彼女はアパートの窓を見て、僕に気がついた。「おはよう、アリス。どこ行くの？」「アミイが新しいミューロを描いたっていうから見にいくの。ケイトは？」「アドビのエレノアのところ。ギターの調子はどお？」「まあまあ。ねえ、ここから話すの大変だからちょっと降りてきてよ」「わかった、今降りる」僕は裸足のまま、玄関まで降りていくと、アリスはギターを抱え、微笑んで待っていた。「ねえ聴いてて、ちょっとここが難しいの」彼女はそう言ってビートルズの「ノルウェイの森」を弾きはじめた。最初の軽いストロークからの四弦のプリングがどうも上手くいかないらしい。「小指のプリングは馴れるのに時間がかかるよ」「そっか、ま、気長に練習するか……」「ブラックバード」をスリーフィンガーで弾かず、右手のブラッシングで弾くことにこだわった彼女のことだ。きっとすぐに上手くなるだろう。「あ、そうだ。見て、今これ読んでるの。『ライ麦〜』よりもクールよね」彼女は無造作にポケットにいれていたペーパーバックを僕に見せた。ゴールズワージーの『林檎《りんご》の木』だった。「わたし、この本、大好き……」彼女がそう言った時、気持ちいい風がそよぎ、やわらかくて黄金色の彼女の髪が僕の鼻先をくすぐった。どきっとした。昔、僕は一度だけ彼女の髪に顔をうずめたことがあった。その時の甘美な匂いと同じだった。アリスは僕をじっと見つめていた。笑っていなかった。僕はアリスとの二人だけの秘密を思い出した。

ノースビーチにある『CITYLIGHTS BOOKSTORE』から二ブロック離れた湖南料理専門店で、もやし炒《いた》めと麻婆豆腐を食べながら、その日僕はアリスから淡々と彼氏との悩みを聞いていた。アリスの彼氏はヘイトのベーグル屋で働く男でまぶたと鼻とくちびるにピアッシングしたイカしたミュージシャンだ。悩みというのは、その彼がアリス以外に二人の女の子と付き合っているらしいという、まあ、よくある話で、だから、どうしよう、別れたほうがいいかと彼女は僕に打ち明けながら悩んでいた。「きらいになるまで付き合っていればいいじゃん」僕はぶっきらぼうに言った。「でも、つらいもん。毎晩どこで寝てるかわからないし……」彼女はぽつりと言った。結局、僕はその悩みになんらアドバイス出来ずに店を出た。アリスは下を向いたまま小さな声で何か唄っていた。「何、唄ってんの？」僕が訊くと、アリスはクスと笑いながら「『MY WILD LOVE』……」と言った。ドアーズの暗いラブソングだ。僕は笑った。アリスは歩きながら唄を続けた。僕は手拍子が入るパートに手拍子をいれ、サビでは声をジム・モリソンに真似て唄った。「夜中のパウエル通りをドアーズ唄いながら歩くって、かなりヒップね」とアリスは言った。「うん、やっぱドアーズはヒップだな」とにかく、歩きながら、唄いながら、笑いが止まらなかった。アリスは僕のズボンの後ろポケットに手をいれて歩き続けた。

結局、その夜はなんとなく別れづらくて、アリスの愛車ビートルの中で僕らは朝を迎えた。一晩一緒にいても、僕らはキスもしなかったし、セックスもしなかった。互いにそれを誘うような言葉も持たなかった。とにかく二人でぼんやりしていただけだった。それがすごく心地よかった。空が青から黄金色に変ろうとしている頃「ねえ『不思議の国のアリス』って読んだ?」とアリスが訊いてきた。「読んだけど、なんで?」「え、なんとなく。わたし名前が一緒だから小さい頃からあのアリスと自分が重なることがあるのよ」「ふーん」そして、彼女はきらきらした朝陽を見つめながらまた何か唄っていた。「何、唄ってんの?」僕が訊くと、「アーロ・ガスリーの『ALICE'S RESTAURANT』」とアリスは笑って言った。「めちゃくちゃ明るい歌じゃん」「だってなんか嬉しいんだもん」

「You can get anything you want ♪……」アリスは僕を見つめながら明るく唄った。その時はじめて僕とアリスはキスをした。車の外は朝の陽射しですでに眩しかった。

「ニューヨークへ行こうよ」

あの日から三日後、例の彼氏と別れたアリスは僕にこう言った。一度キスをしただけの僕をどうして誘うのだろうかとちょっと迷ったが、アリスと何日も一緒にいられることを思うと僕は嬉しかった。彼女とセックスもしたかった。

「うん、いいよ」

飛び上がるような気分を隠して、小さな声で答えた。

「よかった。来週、チケット一緒に買いにいこうね」

アリスは満面の笑顔で僕の手を握ってきた。

「それよりチケット代、どうすんだ……」

僕は心の中でつぶやいた。結局、その旅費は日本にいる友人に連絡をして、なんとか貸してもらった。旅行から帰ってきたら働いて返す約束だ。といっても、どこかでこつこつ働くということではなく「501」のデットストックを五本も見つければすぐにお金は返せるはず。目星をつけてあるウエスタンショップはある。もしくは車で三日くらいかけて探せば何とか見つかるだろう。安直だがそんな算段だ。

チケットを買いに行った日、僕はアリスに訊いた。

「どうしてニューヨークに行きたいの？」

「え、うーん、別に。だけど、行きたいの、ニューヨーク」

そう言ってバッグから一冊の本を取りだして僕に見せた。

「ジャーン。シティライツで買っちゃった」

その本は『THE BEAT GENERATION IN NEW YORK』という、ビート作家とゆかりのある店や建物を場所別に解説したウォーキング・ブックだった。正直笑った。

「笑わないでよ。でもこれすごく詳しいよ。知らないことだらけだもん」

アリスはその本をペラペラとめくりながら、楽しそうにあれこれと僕に話しはじめた。

「とりあえず、グリニッチヴィレッジを歩くのよ。ステーキ屋でしょ。パブでしょ。そしてカフェとかあるし。あ、ボヘミアってカフェが有名らしいよ。サンフランにもあるけどね」

で、ボブ・ディランの住んでいたアパートを発見し、ワーオ、そこにも行こうと言った。さすがにそこには行ってみたかった。

「『The Freewheelin' BOB DYLAN』のジャケで、ボビーとスージーが手を組んで歩いているのは W. 4th ストリートって、ここに書いてあるわ。ね、わたしたちも、あやって歩いてみようよ（笑）」

そんな風に、とにかくアリスは楽しそうだった。サンフランに居ながらビートニクがどうこうと騒ぐことないけど、ま、アリスと二人旅というのが僕には嬉しいことなので、とりあえずウンウンと答えておいた。

　ということで、その一週間後、僕とアリスのニューヨーク観光旅行が始まった。

　ニューヨークに着いた僕とアリスは、とりあえずヴィレッジを歩くことにした。ヴィレッジは七番街のあたりが活動の中心地だが、そこはともかく、あらゆる方向に放射状に伸びる短く狭い通りの迷路であり、そのいくつかは交差しあい、消えたかと思うと、数ブロック先の通りにまた現れるといった調子だった。サンフランシスコから来た僕らにとって考えられない街作りだ。

　アリスはヴィレッジの地図も持っていたが地図から顔をあげると僕に言った。「ウエスト・フォース・ストリートはふたつあるわ。イレブンス・ストリートの上と下にね」彼女は地図をしまいこみ、僕らはあてもなくあらゆる横丁を出たり入ったりして歩き回った。ときおりばったりと有名な通り、例えば、バンク、クリストファー、モートン、ウェイヴァリー・プレイスなんかに出くわした。どれもがちいさな家の建ち並ぶ、古く静かな通りで、この摩天楼の街ではまちがって迷い込んできたみたいに場違いにうつった。「ロマンチックなところね」アリスは言った。

　僕らが探していた通りは、セントルークス・プレイスである。オードリー・ヘップバーンの『暗くなるまで待って』という映画の撮影が行われた場所だ。アリスはオードリーのファンだから、ここだけは行ってみたいと願っていたのだ。その場所に近づくにつれ、アリスがオードリーのように見えてくるのは気のせいだろうか。夕方その辺を歩けば天井の高い居間に灯のともった窓越しに、だれかの書斎が垣間見られる。そして、僕らはある一軒の家を発見した。金の飾り板に書かれた文字。「かわいそうな子供のためのグレタ・ガルボ・ホーム」アリスはこのキュートな建物を時間をかけて見て廻った。

通りや横丁のあちこちに散在するのがヴィレッジのお店で、どれもひどく風変りで魅力的だ。僕はウインドウの中の商品をひとつひとつ言葉にしてみた。メキシコの財布。インドのサンダル。ユニセックスのヘアカット。タロットカード。皮のベルト。インディアンジュエリー。アリスは僕がそう言うのを笑いながら、「いっそのことヴィレッジそのものが手作りと言えば」と言った。

いつしか僕とアリスは手を握りあって歩いていた。「ねえ、今日どこに泊まろうか」アリスは訊いた。「『ワシントン・ジェファーソン・ホテル』ってとこが安くていいよ。この本に載ってるんだ」僕はポケットから『ニューヨーク、ニューヨーク』という文庫を取りだした。「場所はね、ヘルズ・キッチン」「えー、地獄の台所ー」アリスは笑った。僕はアリスの肩にキスをした。

星に願いを

「自分で何もかもできると思ったら間違いです。いくら一生懸命になっても限界がある。それに、そのときのからだの調子や、環境のために、持ってる力だって出しきれないことがいくらでもある。限りない力を持つ神に対して、祈って、力を与えてもらうことは大切なことではないだろうか」

人の信仰についてとやかく言うべきではありませんが、これは作家であり評論家の小林秀雄の言葉です。

僕は、小林秀雄からこんな言葉が出ることに、びっくりし、こう思いました。素晴らしい傑作は、普通の意味の才能からではなく、自分勝手に使用できない、自分でもどうにもならない天賦のなかでの仕事から生まれることがあります。また、誰にもそういう経験がひとつやふたつはあるでしょうと。

たとえば、信仰とは言わずとも、大空に向かって、お日様に向かって、星空に向かって祈ること。それはわたしたちの暮らしの中でとても自然なこととも言えます。いや、もしかしたら嬉しいことではなかろうか。本来、わたしたち日本人はとても信心深い人々です。朝、起きてお日様に向かって手を合わせる。夜は星に向かって、今日一日ありがとうと頭を下げる。当たり前にしてきた心持ちです。

祈るということは誰に教えてもらうことでもなく、誰に言うのでもなく、ただその人それぞれの方法で、それぞれの思いで、ひとりきりで行うべきことです。

どんなことにも、ありがとう、という感謝の気持ち。わたしの中から生まれる愛のこころ。あの人を恋する、焼きつくような想い。そんな一言を呑《の》み込まずに祈ってみる。

夜空の星に。流れる小さな星に。

WHEN YOU WISH UPON A STAR……

雪の朝

雪は神様からの手紙という言い伝えがある。その年の農作物の豊凶を山にかかる雪をもって知らせるのだという。たとえば駒ヶ岳という地名があるが、それは駒形の残雪現象から付けられた名である。このように山の側面にできる残雪の形には、鳥や人や、駒などの形が現れるが、それはその土地の精霊の姿だと言われている。

旅先で目を覚ますと、窓の外一面が雪景色になっていた時があった。きれいだなあと小さく呟いた。

雪占いって知ってる？　横にいる彼女が指先に息をあてて言った。夜、雪で小さなお団子を作るの。そして自分の願い事をお祈りして、陽の当たる場所に置いておくのよ。次の日の朝、その雪団子の形を見て、その願いが叶うかどうか占うの。ね、今夜やってみない？

外の雪は朝陽が反射してプリズムのようにきらめいていた。彼女は小松の枝に流れる一握りの沫雪《あわゆき》を見つめて浮き浮きしていた。

ホテルという旅先

旅に必要なのは、健康なからだと時間と金と、飽くなき好奇心である。この四つが揃えば、旅は旅らしくなる。しかしそれは、あくまでも、旅らしくであり、旅とはいえない。

旅を旅とするには、なにが必要なのか。そんなことを真剣に考えるか否かで、その人の人生は大きく変るような気がする。旅とはなにか。それは自分の人生そのものがひとつの長い旅であるということを知ることからはじまる。今もしあなたに少しの時間があったら、そのことを考えてみていただきたい。

人生がひとつの旅であれば、その旅をどうやって歩んでいくのか。のらりくらりと人や社会の流れに身を任せてゆくのも楽で良いが、そこには自分の意志や工夫、発明、時には流れに逆らおうとする勇気はない。苦労の末の喜びもない。行き先がわからない船になんとなく乗ってしまうことほど不安なものはない。あるのは大勢のなかにいる、一種おかしな安堵のみ。まあ、それでも生きてはいけるが、ここはひとつ、そんな船から、広く大きな海原へとエイッと飛びこみ、自分の力で泳ぎ、自分だけの船と地図を作り、いつまでも続くであろう旅を存分に楽しみたい。旅らしさを旅にするヒントはそこにある。遠い国へ行くことだけが旅ではない。旅とは物理的なものではなく、あくまでも精神的なものである。家にいようと、近所にいようと、ちょっとした工夫や心の持ちようで、自分だけの有意義な旅は作ることができる。

僕はよくホテルを利用するが、自分の仕事場から数分の所にあるホテルを贔屓《ひいき》にしている。ここで旅とはなにかを答えておきたい。旅とは、自分自身を見つめる精神的行為であり、自分自身へと立ち返る行動である。要するに、独りになり、自分を取り戻すことが、旅の真意なのだ。ちなみに観光と旅は別ものである。

日々の暮らしや仕事にどっぷりつかっていると、知らず知らずのうちに、自分が自分でなくなっていくのがわかる。それはある意味、社会に揉まれていれば、防ぎようのないことである。しかし、そのままでは疲れも伴い、心身ともに病んでしまう。であるからして、リセットが必要である。一番良いのは、やはり旅をすることである。

僕の旅の必需品は、着替えや洗面道具ではない。自分が気に入ったカップとスプーン、一冊の本。この三つのみ。暮らしや仕事の合間、一日空けることができたら、この三つを持って、ぶらりと近所のホテルへと旅に出る。

旅で大事なのはリラックスすることだ。僕はいつも自分のカップを持っていき、電車の中でも、飛行機の中でも、ホテルの部屋でもそれを使うことにしている。それひとつで、そこにある時間と空間が自分のものになるからだ。スプーンはあるとなにかと便利である。これも自分の好きなものを使いたい。あとは読みたい本を一冊選べばよい。ホテルのソファやベッドに身を任せて、その三つを手元に置けば、ふうとひと息、自分だけの旅がはじまる。

今夜は、ホテルで夜更かしという旅を味わいたい。

京都で僕は寝ているだけだった

五月の連休に京都にでかけた。

まとまった休みは半年ぶりだった。全国的に曇り日の朝早く、最小限の荷物をいつも持ち歩く山ぶどうのかごに放りこみ、いそいそと新幹線に乗り込んだ。出発を知らせるメロディが鳴ると、ああ、これから休みがとれるんだと、力が抜けると同時に心が安堵した。列車がゆっくり動き出すと、さらに気分が変っていった。仕事のことは何も考えずにいよう。からだをシートに沈めて僕は目をとじた。

半年前に休暇で出かけたのはロンドンだった。一週間ほどの旅で、写真家の友人とふたりだった。はじめの三日は、連載の仕事で取材に歩いた。残りの日はお互い勝手気ままに過ごした。思い出すのは、どこへも出かけずに泊まった宿のリビングでお茶を飲みながら昼寝し続けていたことと、ロンドンに暮らす六歳の友人との再会のことだ。小さな友人の名はオスカルだからオーちゃんという。オーちゃんはいつものように、絵を描く道具を持って僕を訪ねてきてくれた。丸一日ふたりで絵を描き、それに飽きると犬同士がはしゃぎまわるように部屋の中で転がって遊んだ。オーちゃんの父親と僕は友人だった。彼は三年前に病気で他界した。それから僕とオーちゃんは仲の良い友人となった。列車が名古屋駅を過ぎるまで、僕はロンドンの旅のことを想っていた。我に返ったのは隣に座った家人の一言だった。

「着いたらすぐにK伯父さんにお礼の手紙を書いてください」

今回の旅は、祖父の友人から贈られたものだった。半年前『暮しの手帖』の編集長に就いたことのお祝いだ。

わが家系のしきたりに「遺産は一銭たりとも遺族に遺さず、すべてを他人に遺す」というのがある。要するに、祖父が亡くなった時の遺産は、遺族の誰ひとりにも相続されず、すべて祖父が選んだ他人に相続されたのであった。曾祖父の時もそうだった。その条件に、遺産を相続した人には、残った家族をくれぐれも頼むという暗黙の約束があった。祖父から遺産を相続したひとりがK伯父さんであり、多くの相続人の中で、とくに僕を可愛がってくれているのが彼だった。

「うん、宿に着いたらすぐに手紙を書くよ」

K伯父さんは、昔から何かあるたびに祖父と二人で僕に干渉して、曾祖父と同じ政治家という職業を歩ませようとした。僕は昔からそれが嫌いだった。僕をいろんな人に会わせようとすることも、うっとうしいことだし、仕事の援助も僕にとっては邪魔なものでしかなかった。そもそも、世代の違う彼らと僕は考え方がまるきり違う。その違いにひとつも気がつかないから困るのだ。他人から見れば贅沢と言われるかもしれないが、これぱかりはどうしたって自分の流儀に反する。ほんとうだったら今回の贈り物もいつものように断るはずだったが、家人がうっかり貰《もら》ってしまったから仕方がないことだった。

「いいじゃない。断ってばかりいたらK伯父さんにわるいわ」

曾祖父、祖父、父が贔屓にしている京都の老舗旅館など、僕にとっては窮屈なものでしかなく、そんなところは社会勉強に一度泊まっておけばいい。格好つけて通うところではない。

「K伯父さんの世話は宿だけで、あとのことは全部こっちがしたいようにするよ」

そうしないと、京都滞在のすべてがK伯父さんの手配で終わってしまうのだ。一度それで散々な思いをしたことがあるのだ。

宿に着くと、いつものごとく、いんぎんな挨拶をされて、建物の一番奥にある部屋に通された。美しい中庭に面した風通しのいい広い部屋だった。

「すべて某様から承っております」

女将《おかみ》さんがそう言って挨拶をした。部屋の細々なことは一切無用です。必要があれば呼ばせていただきますと僕は伝えた。

部屋の窓を大きく開けて、ごろりと横になった。

「そういえば、K伯父さんって、昔『暮しの手帖』に文章を寄稿したことがあるって電話でおっしゃってましたよ」

お薄を点《た》てたあと、旅の荷を解きながら家人がぼそりとつぶやいた。

僕は畳に頬をのせて何も答えなかった。さわさわと流れる京都の風は僕を心地よい眠りに誘うばかりだった。

京都ではどこにも行かずに眠ろう。眠ることが僕のいつもの旅なのだ。

高村山荘をたずねて

壁は荒壁、扉は板戸、窓は紙張り、三畳半の板間に囲炉裏があり、土間の前には小さな流し場がこしらえてある。家具らしきものはひとつもなく、あるのは生きるための道具のみ。壁と柱のところどころから射し込む光に土ぼこりがきらきらと舞い、歌唄うように鳴るすきま風。後ろの丘からは北上山脈が見渡せ、そのあざやかさはまるで日本のプロヴァンス。

やっと来た。ここが花巻、太田村山口の高村山荘。光太郎さんが七年間ひとりで暮らした山小屋です。僕はコバルト色の眩しい大空を見上げ、その地に立ちます。やわらかな風に乗った蝶々が僕のスニーカーにそっと留まります。うるわしき大地、まさにここは一木一草に至るまで美しい自然のユートピア。

光太郎さん、こんにちは。

十四歳のとき、ふと出かけたデパートで開催されていた「高村光太郎展」がきっかけでした。ほんとうのことを知りたい、何に対しても強い懐疑心を抱いていた僕の心に、光太郎さんの言葉や文章、作品はとても衝撃的でした。展示されていた「最低にして最高の道」という詩を読みました。ほんとうがある。誰も教えてくれなかったほんとうの生き方がここにある。最低にして最高。最低でもいいんだ。僕は光太郎さんの言葉が編まれた詩集がどうしても欲しくなりました。帰りの電車賃を使ってでも欲しいと思いました。

何も信じる気になれなかった僕が変ったのはこの日からです。生きていることが初めていとおしく思えました。こうでなくてはいけないという枠に収まらなくとも、純粋であれば生きている価値があるんだと知ったのです。僕は詩集を手にし、遠い家路を歩きながら、人間って素晴らしいとさえ思ったのです。

それから今に至り、光太郎さんの言葉、作品、生き方は、僕の希望であり、心の支えであり続けてきました。そして、いつか花巻の、あの山小屋を訪れたい。光太郎さんがひとり、春夏秋冬、七年間、独居自炊を過ごした暮らしの場に触れてみたい。その苛酷な生活で光太郎さんは何を思ったのだろう。僕はそんな想いを募らせてきました。

光太郎さんは、この世のしきたりを守る人でした。御年六十二歳。疎開とはいえ、戦争に加担した自分を罰するかのごとく自ら苛酷な暮らしを選んだのです。冬には、壁の隙間から入り込む吹雪が夜具に積もり、零下二十度の寒さ。積雪は腰を埋め、詩を書くインキも凍るといいます。夏は山懐の湿地帯、小屋の廻りはマムシの住み処。そんな山小屋での厳しい暮らしは、光太郎さんの疲れ病んだ身体に容赦なく襲いかかります。晴耕雨読の生活といえど、鍬《くわ》を持ちながらの贖罪《しょくざい》の日々。時には人目を避けて血も吐いた。しかし、光太郎さんはここの自然と村人たちを心より愛しました。それどころか、ここを「日本最高の文化の部落、地上のメトロポールにしたい」と試みます。

「ここはまことに空気がよい。人情も厚いし、あたたかいすみきった美しいところであります。ここからきっといいものが、どこにもないうるわしいものがひろがっていくような気がします」と語り、特に村の純朴な子供らへの教育には熱心でした。

こんな話があります。ある時、光太郎さんの山小屋へ遠足に出掛ける学校行事がありました。しかし、その前日、県庁からの申し出で、急な講演依頼がありました。もちろん、光太郎さんは先約があると断ります。しかし、役所の方もなんとかお願いしたいの一本槍《いっぽんやり》です。押し問答の末、学校の先生のすすめもあり、遠足は延期されました。そののち、光太郎さんは学校に出向くなり、百人近い生徒の前で、床に座り手をついて、「生徒のみなさんごめんなさい。私はみなさんとの約束を守れませんでした」と詫《わ》びました。そして、「人はうそをついてはいけないんです。人は正直でないといけないんです」と生徒へ教えました。そんな光太郎さんですから村の人々から大変好かれました。また、多くの生徒が光太郎さんと接したことが一番の思い出と語っています。

ある時は、卒業を間近にした生徒が、もう一度、光太郎さんに会いたい、光太郎さんの話が聞きたいと先生に頼みました。先生は「よし、頼んでみる」と雪積もる山道を登り、山小屋を訪ねます。すると、光太郎さんは「予告なしで来るとはけしからん。予告なしで来るのは泥棒かフランス革命だ！」と烈火のごとく先生を叱り飛ばし、フランス革命の話を延々一時間も続けました。先生は困り果てましたが、やっとのことで「今、生徒を待たせているんですが……」と伝えると、「なぜそれを早く言わない！」と、また怒り、「では、三十分後に生徒を連れてもう一度来なさい」と先生へ告げました。ほっと胸をなで下ろした先生が、しばらくして生徒を山小屋へ連れて行くと、カモシカのベストにハンチングを被り、ステッキを持った光太郎さんが外で生徒を待っていました。満面の笑顔で「よく来たね、よく来たね」と両手を広げて歓迎しました。このように光太郎さんは子供をとても大事にしました。

山口小学校には『正直　親切』と光太郎さんによって書かれた校訓が残されています。

光太郎さんはこの校訓を半年近く考え、書いたといいます。人はいつでも正直であること、誰にでも親切であること。それは僕も長年、光太郎さんの詩を読み親しみ、教えてもらったことでもありました。ですから、校訓の話を聞いた僕はとても嬉しかった。光太郎さんは純真になって子供たちへ正しい道を教える努力をしたといいます。「心はいつでも新しく、毎日何かを発見する」光太郎さんはこんな言葉も子供たちに残しています。

光太郎さんは、洗濯も料理も掃除もすべて自分で行いました。山小屋は粗末ですがとても清潔です。ここに移って来た時は、長靴、こうもり傘、リュックサック、国防服といったささやかな世帯道具と彫刻道具しか持っていませんでした。光太郎さんは、山小屋の前で小さな畑を耕し、たくさんの野菜を作りました。茄子《なす》、アスパラガス、オクラ、パセリ、トマト、馬鈴薯《ばれいしょ》、さやえんどう、キャベツなど。トマトは得意でとても美味しく出来たといいます。キャベツ料理も得意のひとつで、ロダンから教わったという特製ソースをかけて食したり、一口に切ってニンニクや唐辛子を細かく切ったのを混ぜ、月桂樹の葉をよくもんで少し入れ、これを酢と醤油《しょうゆ》で漬けたものをこしらえました。なんとも美味しそう。山小屋での生活のほとんどは、電気が通っていなかったので、日が暮れればロウソクを灯し、日中は、すすぼけた障子紙に墨で目盛りを描き、小さな石を吊るした日時計で時を知る暮らしです。ある日、光太郎さんは近くの林を散歩しながらこう言いました。「この林はまるでルクサンブルグ公園のようだ」ここの自然は、厳しさの反面、セミも人から逃げず、鼠《ねずみ》は人の眼の前ででんぐりかえしをうったりするといった、おだやかさがあるのです。

江戸の血をひく都会っ子の光太郎さん、こんな山奥暮らしで寂しくないですか？　山小屋を訪れた皆がそう訊きました。光太郎さんは答えます。

「ちっとも寂しくありませんよ。僕の身体の中には智恵子が住んでいるんです。僕は満月になるとコップふたつにビールを注いで飲むんです。ひとつは智恵子の分です。しばらく月見を楽しんでいるとコップに注いだビールが減っているんです。歩いている時も、炊事をしている時も、詩を書いている時も、眼をつむれば、智恵子はいつも僕のそばにいるんです。だから寂しくなんてないんです」と言いながらも光太郎さん、山口山に登っては、智恵子さんの故郷、福島の方へ向いて、大きな声で「チエコー、チエコー」と叫びます。夜の星空に向かって「チエコー、チエコー」と叫ぶのです。

若かりし光太郎さんは、酒に溺れる自堕落な生活を送り、とても荒れた人でした。そんな光太郎さんでしたが、ある時、純粋無垢《むく》な智恵子さんと運命的に出会うことで、百八十度人生を転換することになります。自分の生き方を新しくしよう、正しく丁寧に生きようと思うのです。そして、智恵子さんを愛すれば愛するほどに自分が人間に立ち帰っていく喜びを知ったのです。

今、僕は光太郎さんの山小屋の前に立ち、胸に湧くたくさんの想いを抱きしめています。光太郎さん、聞いてください。僕の言葉を聞いてください。光太郎さんは智恵子さんと離れたくないから、ひとり山小屋で暮らす決心をされたのですね。ここなら誰にも会わずひとりきりで、いつでも智恵子さんに会えると思ったのですね。そこには智恵子さんの大好きだったハンノキも茂っているし、澄みきったほんとうの空もある。ここの青空、眩しい光はきっと、智恵子さんも気に入るでしょう。暮らしも貧しいとは思わないでしょう。光太郎さんは、愛する心のはちきれた時、あなたはいつでも会いに来てくれる、と詩に書きました。あなたは私に会いに来る。すべてを棄《す》て、すべてをのり超え、すべてをふみにじり、あなたは私に会いに来る……。僕は光太郎さんのこの言葉から人を愛するちからの尊さを知りました。愛こそいのちであり、人間の最上のしあわせです。そして、愛とは自然と涙が流れることです。

光太郎さん、ありがとう。

北緯三九・五度東経一四一度。太田村山口。眼をつむってそよぐ風の唄を聴いていると、リュックを背にし、ゴム長靴をはき、ステッキを持った光太郎さんがゆっくりと歩いてくるようです。眼を開けると、そこには真っ赤な夕焼けと黄金色の雲がありました。きっと夜空も美しいのでしょう。

光太郎さん、僕も最低にして最高をこいねがう、最低にして最高という道を貫きます。

光太郎さん、お元気で。

文庫版あとがき

　僕にとって外国は未知そのものだった。そんな外国を旅し、過ごす日々は、何かしら必ず出会いがあり、同じとおもう景色もひとつもなく、どんな小さなことでも興味を持たずにはいられなかった。驚いたり、うれしくなったり、泣いたり、笑ったり、僕の心はいつも色鮮やかだった。そんな心のありかをひとつひとつ克明に書き綴《つづ》ったエッセイ集『場所はいつも旅先だった』が、このたび文庫となって心から嬉しくおもう。

　今あらためて読んで感じるのは、そう、やっぱり、場所はいつも旅先だった、ということである。そしてこの言葉は、今でもひとつも古びることなく、僕という人間の輪郭を作っている。

　つい先日、古い手紙を無造作に詰め込んだままだった箱の中身を片づけていたら、一枚のモノクロ写真がはらりと床に落ちた。拾い上げると、それはおよそ二十年前にニューヨークで撮った写真だった。その頃僕は、写真家になりたいという夢を抱いていて、写真を独学で学んでいた。しかし、写真を学べば学ぶほど、自分の才能の無さに気づき、その辛さに耐えきれず一年ほどで写真を止めてしまった。ニューヨークで撮った写真は膨大な枚数であったが、夢を断ちきる決心ですべてを捨ててしまった。捨てて無くなったはずのその頃の写真が、突然現れたから驚いた。写っていたのは、当時暮らしていたアッパーウエストサイドのアパートの地下にあるランドリールームで、洗濯機にひじを置いて佇《たたず》む恋人の姿だった……。

ある冬の日、ニューヨークを訪れてまだ間もないころ。ふと思い立って、僕はマンハッタンの南に浮かぶ小さな島、スタッテン島へ行くフェリーに乗りに行った。フェリーはバッテリーパークの先にある待合所を出発し、自由の女神を通り過ぎ、島の桟橋へと向かった。途中、夕陽に照らされオレンジ色に輝くマンハッタンの摩天楼をぼんやりと眺め、陰影を深くした自由の女神の美しい横顔に目をうばわれた。

乗客は、島に暮らすラテン系の住民が多く、皆、波に揺られて遠い目をして黙っていた。ある人はベンチに座り、ある人はデッキに立ち、ある人は床に寝ころんでいた。このフェリーはスタッテン島の住民にとって、マンハッタンを行き来する水上バスのようなものだった。僕はデッキの手すりを摑《つか》んでニューヨークの港を一望することができた。心地よい風に吹かれていると旅先での不安や寂しさが薄れるようだった。

スタッテン島には、あっという間に着いた。船着き場の待合所はあまりにも無機質でひとけがなく、ホームレスの老人が一人ギターを弾いていた。

さて、どうしようかな、とおもっていると、背の低い女性が地図を広げて立っていた。

「この島に何かおもしろいものはあるのですか?」僕が訊くと、女性はびくっとして僕のほうに振り返った。そして僕の顔をじっと見てから、「動物園があるわ」と女性は答えた。「動物園ですか。帰りのフェリーはまだあるから行ってみようかな。場所はどのあたりですか」女性は怪訝な表情を浮かべながら地図を見せてくれた。

「この島の方ですか?」

「ううん、違う。一週間前にマンハッタンに来たばかり。今日はちょっと友だちに会いに来たの」

女性にお礼を言って僕は動物園へ向かった。

スタッテン島は、ニューヨーク五区の中で一番人口が少ない、周囲七十キロほどの島である。動物園には、待合所から地下鉄で近くまで行き、二ブロックほど歩いたら着いた。動物園は閑散としていて寂しさに満ちていた。動物たちは置物のように動かず、柵の中で静かにうつむいていた。

夜の七時を過ぎていたので、マンハッタン行きのフェリーに乗る人はさすがに少なかった。フェリーに乗り込むと、僕は寒くて、上着のボタンを上まではめて、ポケットに手を入れて身体を丸くしてベンチに座った。出発のマイクアナウンスがあり、フェリーはマンハッタンへ出発した。マンハッタンの夜景は映画のシーンのようで実にきれいだった。

フェリーから降りるとき、スタッテン島の待合所で会った女性とはち合わせた。女性は僕に気がついて話しかけてきた。

「動物園どうだった？」

「寒くて寂しかった。あなたはどこに行っていたのですか？」

「私は繁華街を歩いて、カフェで友だちと時間を過ごしていたわ」

「そっちのほうが良かったよ。きっと」

僕がそう言うと、女性は「じゃあね」と言って先を歩いた。

僕はその頃、ニューヨークで友達を作りたくて、人と知り合ったら、必ずお茶でもしませんか？　と誘っていた。

「あの、よかったらコーヒーでも一緒に飲みませんか？　僕も旅行者なんです」

小走りして女性に追いつき、僕はこう声をかけた。女性は少し悩んでから、「いいわ。じゃあ、一時間だけ」と答えた。女性のホテルがミッドタウンにあるというので、その近所のカフェに行くことになった。

「日本人と話すのはじめてだわ」

女性はそう言って微笑んだ。

その日、僕らはコーヒーを飲みながら、自然とお互い打ち解けることができて、一時間あまりを楽しくおしゃべりして過ごした。電話番号を交換し、次にまた会う約束をした。女性は北カリフォルニアから来ていて、ローラと名乗った。

一週間後、僕は彼女に電話をした。ニューヨーク近代美術館の中庭を見に行きたいと言っていたのを思い出し、誘ってみたのだ。彼女は留守だったが、ホテルのフロントに伝言を残したら、すぐに彼女から電話があった。

「わたしも行こうとおもっていたの。明日はどう?」

「じゃあ、美術館の入り口で昼の一時に待ち合わせしよう」

そんなふうにして僕らはまた会うようになり、週に一度の割合で本屋や美術館、ギャラリーなどに一緒に行くようになった。そして、いつしか僕らはどちらからともなく手をつなぐようになった。

彼女はニューヨークで暮らすつもりで故郷から来ていた。ニューヨークに友人が一人いて、その友人の紹介で、あるショップで働くつもりだった。しかし友人との関係がうまくいかなくなり、そこでは働けなくなったと嘆いていた。なんとかして早くニューヨークで職を見つけたいと言った。

しばらくすると、彼女はホテル代を払うのが大変になり、僕が暮らす小さなアパートにやってきた。僕は毎日、写真の勉強のために、本屋や図書館に行ったり、カメラ屋や現像所などで、自分と同じように写真を学んでいる人のコミュニティに出入りしていた。彼女は新聞や貼り紙でアルバイトの募集を探しては、毎日のように面接にでかけていた。

僕らは一緒に暮らすようになったが、自分の夢を追いかけるのが精いっぱいで、相手を思いやる気持ちを持つ余裕がなくなっていた。ニューヨークで暮らすということは、毎日夢を追いかけ続けることを約束するようなことにおもえた。僕の英語がブロークンだったこともあり、小さなことで互いがいらだち、一緒に暮らしながら、しあわせな時間は少なかった。

「僕の夢は……」

「私の夢は……」

そんなふうに自分の夢ばかりを言い合って、少しずつ相手を遠ざけていった。

今、手元に出てきたのは、そんな時期に彼女を撮った写真だった。この写真を撮ったあと、「もうわたしを撮らないで」と彼女は怒った。そして、写真を撮った一週間後に彼女は一通の手紙を残して故郷に帰った。

「あなたを愛せなくてごめんなさい。やさしくできなくてごめんなさい。あなたの夢がいつかかないますように。さようなら。ローラより」

写真にはクリップでこの手紙が付けられていた。手紙と一緒にしていたから、僕は写真を捨てなかったのだ。写真と手紙には、その当時のしあわせやうれしさ、悲しさやさみしさも残っていた。そう、その場所はいつも旅先だった。

このたび文庫にするにあたり、ブックデザインを、単行本も手掛けていただいた立花文穂さんにお願いをした。たった一枚だけ残っていたニューヨークの写真。本のどこかに使ってもらえたら嬉しいとだけお伝えした。

松浦弥太郎

二〇一一年

解　説

ARATA（俳優・クリエイター）

『場所はいつも旅先だった』のページを閉じて、今、僕は〝出会い〟のかけがえのなさを強く感じている。出会いというのは、望んで得られるものでもなければ、自分の意思で作ることもできない。どう生きてきたか、何を大切にしてきたか、そのことがもたらす〝宝〟なのだと思う。

著者の松浦弥太郎さんと初めて出会ったのは、十五年ほど前。僕が二十一歳の頃だ。もっと正確にいうなら、僕が一番最初に出会ったのは松浦さんご本人ではなく、彼がセレクトした本の数々だったというべきかもしれない。ある雑誌の仕事で撮影のために用意された場所が、松浦さんの主宰する書店だったのだ。

独特な品揃えで、何しろ僕にとって興味のある本ばかりが置かれていたものだから、仕事で来たにもかかわらず、思わずじっくり見入ってしまったのを覚えている。どの棚に目を向けても、僕が惹かれている時代と、その時代のカルチャーから生まれるべくして生まれたアートや音楽や文学などに関する本がたくさん見つかり、僕は結局この日、特に気に入った本を二冊購入したのだった。ビートルズのアニメーション映画『Yellow Submarine イエロー・サブマリン』の絵本と、大好きな七〇年代のポスター・アートを集めた分厚い『PROP ART』という本だ。そして、こんなにワクワクする本ばかり揃えた書店の店主とは、一体どんな人なのだろう……と、大いに興味を引かれた。

撮影後、言葉を交わす機会があり、松浦さんが週末になると車に本を積んで移動しながら販売したり、入手困難な本や雑誌を探す仕事もしていることなどを知る。やがて、僕は松浦さんの書店を訪ねるようになり、まさに店主の興味の世界そのものといえる空間で刺激を受け、行く度に「こんな本がある！」と発見を重ねてきた。ときには松浦さんから「こんなの興味あると思うよ」「この本、読んでみたら？」などと面白い本を教えてもらうこともあった。

けれどそれ以上、たとえば互いのことをゆっくり語り合うような付き合いではない。僕はただ松浦さんのセレクトしたたくさんの本と出合いに行き、向き合い、手に取り、松浦さんのマインドを感じ、言葉ではなく本を通して豊かに会話してきたように思う。松浦さんと僕のあいだには、いつも本があったのだ。

そんなわけで、この自伝的エッセイ集『場所はいつも旅先だった』を読んで初めて僕はご本人の言葉による〝松浦弥太郎像〟に触れたといってもいい。こんなふうに世界を見てきた人の本屋だからあんな店になるんだな、あの本があったのはこんな経験をしていたからなのか……と随所で納得させられたり、僕と同じようなものに興味をもっている人だと実感したり、「タトゥー、入れてるだろうなと思っていたけど案の定じゃん！」と思わずニヤリとしてしまったり、断片的に知っていた様々なことが一気につながって本当に楽しく読んだ。この本は僕にとって松浦さんのガイダンスのようなものだ。

さて、大きく三つに分けて紹介するなら、はじまりの十六編にはサンフランシスコ、ニューヨーク、ロンドン、マルセイユ、パリ、アルル……と様々な場所を気ままに旅した日々が赤裸々《せきらら》に綴《つづ》られている。それぞれの土地で見たもの、感じたことが松浦さんのフィルターを通して心の言葉で語られ、こちらも旅しているような気持ちになれるのが魅力だ。たまたま舞台がニューヨークだったりマルセイユだったりするけれど、そこに何ということもない会話や人々と交わす笑顔など淡々と流れる日常が織り込まれ、そこに松浦さんらしさがにじみ出ているのを感じる。

そして、最も面白かったのが中盤のⅡのパートにある五編のエッセイだ。これらも松浦さんの旅の一部を切り取ったものではあるが、まるで洒落《しやれ》でここだけ物語仕立てにしてあるんじゃないかと思うほどの冒険が展開しているからだ。しかも「バークレーからニューヨークへ」にあるリーバイス「５０１」をめぐる〝事件〟は、僕が原宿の古着屋さんによく通っていた当時、耳にした噂《うわさ》の裏側を描いたものだった。まさかここで松浦さんと僕の人生がリンクしていたとは……と驚くと同時に嬉しくなってしまった。

この後にⅢ、Ⅳと続く後半のエッセイには、より強く松浦さんのメッセージが感じられるように思う。たとえば「美しいとはなにか」には詩人・高村光太郎の言葉を借りて語る松浦さんがいるし、「星に願いを」からは、松浦さんが何に重きをおいて生きているかが伝わってくる。松浦さんは出会いや人との関わりを大切にしてきた人なのだ。そういうことを大切にしていれば、人は幸せに生きていけるんじゃないか、と松浦さんは実にサラッと何気なく伝えている。それが彼の本のセレクトにも表れていることを、僕は改めて実感することができた。言い方を変えれば、これらのエッセイを読んで、僕自身が松浦さんのどんなところに魅力を感じ、共感しているのかを再発見したような気がするのだ。

一方、本書は〝旅〟とは何かを問いかける一冊でもある。お金をかけて遠い国へ行ったり絶景を見たりすることだけが旅ではない。もちろん旅には色々なスタイルがあり、大自然の造形美の中に身を置くのも素晴らしい体験だ。でも、旅先の何気ない出来事の中にも美しいものや素敵なものは絶対にある。それを自分がどれだけ見つけられるか、感じ取れるかが肝心なのだ。もっといえばそれらは普段暮らしている場所にも隠れている。アーティストだろうとビジネスマンだろうと関係ない。日々何を見て何を感じて生きているかが肝心。そこさえ意識していれば日常はもっと楽しいものになるはずだ。実は僕たちの日常自体が十分に大冒険なんだということに、この本は気づかせてくれる。

僕自身は、かなり小さい頃から父に連れられて色々なところを旅してきた。歴史が好きな父と二人で行く旅は、どこへ行くのも車。僕は行先も知らないまま助手席に座り、着いてみるとそこは古墳だったり遺跡だったりしたものだ。初めて縄文文化を知ったのも父との旅だった。父の好きな民具や木地玩具を求めて東北に向かうこともあった。良いものに出合った旅の後は父のコレクションが増える。そうした旅によって僕は培《つちか》われ、現在の僕の旅のスタイルにもかなり影響を与えていると思う。

松浦さんもまた旅によって培われた人だろう。そして本の選び方同様、旅の仕方にもその人らしさが出るものだ。松浦さんは楽しい旅の仕方を知っている。いい旅をしている。それはつまり楽しく幸せに生きる方法を知っているということだと僕は思う。

以前、僕は旅先やロケ先で撮りためた写真に自分の言葉を添え、写真集『日本遊行』をまとめる機会に恵まれたのだが、そのきっかけを作ってくれたのは松浦さんだった。もの作りの一つの形として、本作りはぜひまたやってみたいことの一つだ。本と旅。これが僕と松浦さんをつなぐキーワード。松浦さんの書店で最初に僕が手に入れたあの二冊の本は今もすぐ手の届くところに置いてあり、僕は松浦さんの存在を日々、身近に感じている。たぶん僕はこれからも直接には多くの言葉を交わすことなく、本を通して松浦さんと共鳴し合っていくだろう。

では最後に、この本の楽しみ方について一つだけ。収められたエッセイは全て、最後の一行が心憎い。松浦さんの人柄が凝縮されたようなひと言で締めくくられているのが素敵だ。このエッセイはどういう言葉で終わるのだろう……と一編ずつ期待しながら読むのも楽しいかもしれない。

本作品は二〇〇九年三月、ブルース・インターアクションズより刊行された単行本に雑誌『ＢＲＵＴＵＳ』（二〇〇八年十一月一日号）、『クウネル』（二〇〇四年三月一日号）に掲載された作品を加え、加筆・修正したものです。

集英社文庫

場所《ばしょ》はいつも旅先《たびさき》だった

2011年2月25日 第1刷
2022年8月13日 第4刷

定価はカバーに表示してあります。

著 者 松浦弥太郎《まつうらやたろう》

発行者 徳永 真

発行所 株式会社 集英社
東京都千代田区一ツ橋2-5-10 〒101-8050
電話 【編集部】03-3230-6095
【読者係】03-3230-6080
【販売部】03-3230-6393(書店専用)

印 刷 株式会社広済堂ネクスト

製 本 株式会社広済堂ネクスト

フォーマットデザイン アリヤマデザインストア
マークデザイン 居山浩二

ISBN978-4-08-746667-6 C0195